Rita Haberkorn

Zwillinge

Handbuch für Eltern,
Freunde und Erzieher

Rowohlt

Ich danke all jenen, die sich Zeit für die Gespräche mit
mir genommen haben, den Zwillingseltern und erwachsenen
Zwillingen, dem Ehemann eines Zwillings und den
Erzieherinnen. Besonders danke ich meiner Kollegin Elise
Weiss-Zimmer, die als Außenstehende und mit ihrer
Kompetenz als Diplom-Supervisorin die Interviews mit den
Erzieherinnen in jenem Kindergarten machte, in dem
neben unseren Zwillingen drei weitere Zwillingspaare
betreut weden. R. H.

Dies ist ein Buch aus dem
Büro für wissenschaftliche Publizistik
Dr. Horst Speichert
Teutonenstr. 32 b, 6200 Wiesbaden

Umschlag: Manfred Waller
(Foto: William L. Hamilton / Bavaria)
Bildnachweis: privat

10. – 13. Tausend August 1988

Originalausgabe
Veröffentlicht im Rowohlt Taschenbuch Verlag GmbH,
Reinbek bei Hamburg, März 1986
Copyright © 1986 by Rowohlt Taschenbuch Verlag GmbH,
Reinbek bei Hamburg
Alle Rechte vorbehalten
Satz Times (Linotron 202)
Gesamtherstellung Clausen & Bosse, Leck
Printed in Germany
980-ISBN 3 499 17975 X

Inhalt

Kapitel 6

Die Zwillinge und ihr Mythos   145

Warum ich dieses Buch schrieb

Meine Zwillinge, Hannah und Jonathan, waren fast ein Jahr alt. Ich hatte nach dem Mutterschaftsurlaub meine Halbtagsarbeit beim Deutschen Jugendinstitut wiederaufgenommen. Was Wunder, daß mich das Thema Zwillinge auch bei der Arbeit nicht losließ. Ich stellte fest, daß die Erzieherinnen, mit denen wir zusammenarbeiteten, sich im Umgang mit Zwillingen besonders unsicher fühlten. Sie suchten daher in Büchern nach Orientierungshilfen.

Ich begann also, mich mit der Zwillingsliteratur zu beschäftigen, und las zunächst unter diesem Gesichtspunkt, wurde dann aber zunehmend neugierig, Aussagen zu finden, die auf unsere private Situation mit den Zwillingen zutrafen. Ich las vor allem Untersuchungsergebnisse und einige Tips zum Umgang mit Zwillingen (zum Beispiel Schlieben-Troschke 1981 und Karcher 1977).

Alsbald ärgerte ich mich. Ich fand, daß von den Autoren die notwendige Betonung der Erziehung zur Eigenständigkeit innerhalb der Paarbeziehung zu einseitig hervorgehoben wurde. Vor allem machte sich keines der Bücher Gedanken darüber, was dieser Anspruch für die Eltern bedeutet und wie sie die Anforderungen im Alltag bewältigen.

Ich fand kein Buch von einer Zwillingsmutter oder einem Zwillingsvater.

Mir war auch klar, warum die Eltern nicht selbst über Zwillinge schreiben: Sie haben in den ersten Jahren einfach keine Zeit dazu. Das ging auch aus der Studie hervor, in der damals gerade Frankfurter Wissenschaftler die Situation von Mehrlingseltern erfragt und dokumentiert hatten (vgl. ARA-Mehrlingsstudien 1983).

Ich beschloß: Nach einigen Jahren eigener Erfahrung wollte ich – wenn die Zwillinge im Kindergarten sind und wir wieder mehr Freiraum haben – unsere Erfahrungen aufschreiben. Dabei sollte der Alltag mit den Zwillingen im Vordergrund stehen:

Welchen Problemen sehen sich Eltern gegenüber, wenn sie Zwillinge erwarten, zur Welt bringen und erziehen?

Wie gestaltet sich die Beziehung innerhalb der Zwillingsgemeinschaft? Wie verändert sie sich?

Wie geht es den Geschwistern?

Freunde und Verwandte von Familien mit Zwillingen gehen zunächst oft hilflos mit der neuen Situation um. Dabei könnten sie sehr hilfreich sein.

Ich hatte außerdem erlebt, wie der Einblick in unsere Situation Erzieherinnen half, mit mehr Verständnis Eltern von Zwillingen und auch dem Zwillingspaar selbst entgegenzukommen.

Zwillinge im Kindergarten sind darum ein wichtiges Thema dieses Buches.

Klar war von Anfang an, daß auch die Erlebnisse und Erfahrungen anderer Familien mit Zwillingen einbezogen werden sollten. Und für die Zukunft unserer Zwillinge wollte ich wissen: Wie erinnern sich erwachsene Zwillinge später an ihr gemeinsames Aufwachsen? Wie sind ihre Freundschaftsbeziehungen davon beeinflußt? Wie geht es jemandem, der mit einem Zwilling befreundet oder verheiratet ist?

Das Einzelschicksal der Zwillinge ist von dem beeinflußt, was wir «Zwillingsmythos» nennen, der seine Faszination nicht verloren hat, seit die Natur zwei gleiche Menschen gleichzeitig aus der Mutter kommen läßt – als Überraschung und Plage, Zauber und Magie, die sich mit den Namen Kastor und Pollux am Himmel verewigt hat.

Ich habe die Geschichte unserer Zwillinge, die Geschichte unserer letzten vier Jahre gemeinsam mit meinem Mann erinnert und diskutiert. Seine Ergänzungen sind eingearbeitet, die Darstellung aber kommt aus meiner Sichtweise und Erlebniswelt.

Kapitel 1

Hannah und Jonathan: Unsere Zwillinge und was wir mit ihnen erlebten

Dieses Foto entstand im März 1981. Zu diesem Zeitpunkt ist mein Mann Heinz 38 Jahre alt. Er ist Diplom-Theologe und Diplom-Sozialarbeiter. Er hat die drei Wochen alte Hannah auf dem Arm. Ich, Erzieherin, Sozialpädagogin und Diplom-Pädagogin, bin 31 Jahre. Ich habe den drei Wochen alten Jonathan auf dem Arm. Gideon, der eigentlich in die Mitte sollte, hat sich diesen Seitenplatz gesucht. Er trifft seine Position in der Familie zu diesem Zeitpunkt sicher besser. Er ist etwas älter als vier.

Heinz arbeitete damals ganztags beim Jugendamt der Stadt Wiesbaden, ich bin wissenschaftliche Mitarbeiterin beim Deutschen Jugendinstitut.

Wir bewohnen eine große Vier-Zimmer-Wohnung mit Balkon, großem Garten hinter dem Haus und einem Park in Wohnungsnähe.

Heinz konnte eine Halbtagsstelle im Jugendamt übernehmen, die er drei Jahre beibehielt, bis die Zwillinge vier waren. So hatten wir beide neben den familiären Pflichten und Belastungen die Chance, mit einem Bein im Arbeitsprozeß zu bleiben. Wir machten dabei wichtige Erfahrungen mit dieser Form der Funktions- und Arbeitsteilung in der Familie, und außerdem konnten wir so den Alltagsstress besser bewältigen. Wir wissen, daß wir Glück hatten und nur wenige eine solche Lösung finden werden.

Was ist uns heute nach vier Jahren von unseren Erfahrungen mit den Zwillingen bedeutsam?

Wir haben uns ein Kind gewünscht – und es kamen zwei

Eigentlich hatte der Abstand zu unserem ersten Kind nicht so groß sein sollen. Nun waren es doch vier Jahre geworden. Ich war im vierten Monat dieser lang ersehnten zweiten Schwangerschaft. Der Termin der ersten Ultraschallaufnahme war angesetzt. Gut erholt nach einem herrlichen Nordseeurlaub unserer dreiköpfigen Familie mit Oma ging ich mit Mann und Gideon zum ersten «Fototermin» für den Nachwuchs. Ich war aufgeregt und hatte – wie die Andeutung einer Vorahnung – das Gefühl, an diesem Tag etwas ganz Neues zu erfahren.

Schon bei der Untersuchung stellte der Frauenarzt fest, es sei schon alles mächtig groß. «Wer weiß, wie viele Kinder ich gerade austrage», meinte ich – scherzend. Und dann der Ultraschall. Wir sahen einen Kopf. Dann fragte ich: «Wie geht es unseren Zwillingen?» In diesem Augenblick sahen wir den zweiten Kopf ganz deutlich. Der Arzt verweilte bei dieser Aufnahme, ohne zunächst etwas zu sagen.

«Das sind ja zwei Köpfe.» Ganz ungläubig fragte ich den Arzt, der offenbar, um sich zu vergewissern, immer wieder nachprüfte. Nach einer Weile stellte er kurz fest: «Es scheinen tatsächlich zwei Köpfe zu sein.»

Ich erschrak. Sollte aus dem Spiel mit der Zwillingsschwangerschaft nun plötzlich ernst werden? Ich wurde hektisch. Der Arzt bemerkte es und versuchte, mich zu beruhigen. Er hatte inzwischen weiter untersucht und erklärte mir nun, ja, tatsächlich, mit größter Wahrscheinlichkeit liege eine Zwillingsschwangerschaft vor. Aber, meinte er, wir sollten uns noch nicht zu viele Gedanken machen. Letzte Sicherheit würde es erst bei der nächsten Untersuchung in vierzehn Tagen geben.

Im übrigen, meinte er, seien zwei Kinder aber doch besser als keines, nachdem wir uns diese Schwangerschaft so gewünscht hatten. Der hatte gut reden! Ich schluckte, mußte mit den Tränen kämpfen. Wie ein Klotz legte sich auf mich das Gefühl: Das schaffst du nie! Zwei Säuglinge! Wie beiden gerecht werden? Die viele Arbeit! Und wie wird Gideon damit fertig werden? Unsere gesamte Zukunftsplanung war auf *ein* neues Kind ausgerichtet: die Zimmeraufteilung müßte neu überdacht werden; würde das gerade bestellte Auto drei Kindern Platz geben? Wie werden wir den Alltag organisieren können, wo doch klar war, daß ich weiter halbtags arbeiten werde? Ich sah mich vor einem Berg von Anforderungen, Neuem, Ungewissem, von dem ich nicht wußte, wie ich ihn bewältigen würde.

Also, für mich als Mutter in dieser Familie war der Beginn des gemeinsamen Lebens mit unseren Zwillingen eher dramatisch und mit Tränen verbunden.

Die eher abwartende, sachliche Reaktion meines Mannes auf die Neuigkeit war mir zunächst unverständlich und wenig Trost. Für mich brachte die Vorstellung, mit Zwillingen zu leben, Ungewißheit. Für ihn war sie vertraut: Seine fünf Jahre jüngeren Geschwister sind Zwillinge. Er wollte zunächst die zweite Untersuchung abwarten, um dann mit den veränderten Ausgangsbedingungen die praktischen Vorbereitungen (zum Beispiel Renovieren und Umgestalten der Zimmer) zu beginnen. Er stellte auch zu diesem Zeitpunkt alle ehrenamtlichen

13

Tätigkeiten ein, um sich auf die Familie zu konzentrieren. Erst zwei Jahre später nahm er frühere und neue Aufgaben außerhalb der Familie wieder auf.

Die Reaktion der anderen

Nach dem ersten Schrecken hatte ich das Bedürfnis, darüber zu reden und viele Reaktionen zu erleben.

Es gab bei denjenigen, die selbst keine Zwillinge in der Familie erlebt haben, Erstaunen bis mildes Entsetzen. «O Gott», «Um Gottes willen», «Ach, du meine Güte», «O je». Auch ihnen fielen als erstes die Arbeit und die Anforderungen ein, die auf uns zukamen. Aber meist endeten die Gespräche aufmunternd: «Ihr werdet es schon schaffen!» – «Das kann doch ganz toll werden!» – «Im Grunde habt ihr doch etwas ganz Tolles vor euch!»

Eine Freundin, die sich selbst schon lange ein Kind wünschte, beneidete uns um unser Glück.

Wer selbst Zwillinge erzogen oder in der Familie erlebt hatte, reagierte fast ausnahmslos mit Freude.

«Ach, wie schön!» Meine Schwiegermutter lachte, als sie von ihren künftigen Zwillingsenkeln hörte, und so war das bei allen «Zwillings-Erfahrenen». Die Arbeit und das Risiko einer Geburt mit Komplikationen kamen bei ihnen immer unter «ferner liefen». Das half mir sehr, obwohl ich auch die eher entsetzten Äußerungen gut verstehen konnte, entsprachen sie doch meiner eigenen ersten Reaktion. Entscheidend war der Ausgang der Gespräche. Von Bekannten wurde ich anstandslos zur «Supermutter» gemacht. Zwei Tage, nachdem wir von der Zwillingsschwangerschaft erfahren hatten, hatte ich schon das Gefühl übernommen, etwas Besonderes zu sein und konnte gut mit meiner neuen Situation umgehen.

Auf der Straße, beim Einkauf, beim Spaziergang, immer wieder die gleichen Gespräche und dabei die entsetzten Reaktionen. Gideon an meiner Hand hörte dies immer mit an. Was mochte er dabei gedacht haben? Ihn hatten wir bei unserem Gespräch oft außer acht gelassen.

Dann waren wir mit der praktischen Vorbereitung der neuen Si-

14

tuation beschäftigt. Die Spannung und Erwartung stiegen. Wir haben uns auf unsere Zwillinge vorbereitet, aber Bücher haben wir nicht gelesen. Heinz ist in seiner Funktion als Sozialarbeiter fast täglich mit Erziehungsfragen konfrontiert. Und ich täglich, und zwar seit meiner Ausbildung und praktischen Arbeit als Erzieherin und der jetzt fast fünfzehn Jahre während Begleitung von Projekten im Vorschulbereich und der Erzieherfortbildung. Wir waren mit Theorien der Erziehung wohlvertraut. Die nun für uns neue Situation mit Zwillingen wollten wir ohne weiteren Ballast erfahren, erleben und so darauf reagieren, wie wir es konnten und für angemessen hielten.

Die Geburt

Die Wohnung umgeräumt und renoviert, waren wir auf die Geburt vorbereitet.

Die Zwillinge in meinem Bauch wuchsen, sie hatten, wie der Frauenarzt meinte, die gefährdeten Alters- und Gewichtsgrenzen überschritten. Die Antrittsuntersuchung in der Uniklinik Mainz war abgehakt. Es sollte sich übrigens als äußerst hilfreich herausstellen, daß Heinz zu diesem Termin mitgekommen war.

Was wünschten wir uns? Es sollten keine Frühgeburten sein, gesunde Kinder. Heinz wünschte sich ein Pärchen, es würde für die Entwicklung jedes Zwillings zur Eigenständigkeit leichter sein. Aber er war, sagte er, offen für jede Möglichkeit. Und ich? Ich wußte nicht, was ich mir wünschen sollte.

In den letzten beiden Wochen mußte ich viel liegen, und ich hatte auch das Bedürfnis auszuruhen. Wußte ich denn, wann das je wieder möglich sein würde? Gideon ging in dieser Zeit häufig nicht in den Kindergarten, sondern blieb zu Hause. Wahrscheinlich ahnte er, daß es nie wieder so sein würde. Wir verstanden, daß er es auskostete. Ich las ihm stundenlang Bücher vor, oder wir kuschelten einfach zusammen. Die Erzieherin hatte kein Verständnis dafür, daß Gideon so selten kam. Man dürfe solche Unregelmäßigkeit nicht einreißen lassen, meinte sie. Aber konnte er – vier bis sechs Wochen vor dem Geburtstermin, der bei Zwillingen selten erreicht wird – wissen, ob ich noch zu Hause sein würde, wenn er mittags aus dem Kindergarten käme?

Heinz und ich hatten uns – wie schon erwähnt – in Absprache mit dem Frauenarzt entschieden, daß die Zwillinge in der Uniklinik Mainz zur Welt kommen sollten. Dies vor allem aus zwei Gründen: Die Kinderintensivstation liegt hier nahe bei der Entbindungsstation. Im Notfall wäre also eine optimale Versorgung möglich. Zudem könnte ich mich nach der Geburt bald an der Betreuung der Kinder beteiligen. Der zweite Grund: die relativ kurze Wegstrecke mit dem Auto zur Klinik.

Aus den Gesprächen mit verschiedenen Zwillingseltern wissen wir, daß die Intensivstation selten benötigt wird. Aber Zwillingsgeburten sind Risikogeburten. Deshalb schien uns besondere Vorsicht sinnvoll.

Wir hofften, daß die Kinder über fünf Pfund wiegen würden. Denn nach unserer Information würden sie bei geringerem Gewicht zur Vorsicht auf die Frühgeborenenstation gebracht und ins Wärmebettchen gelegt. Wir wünschten uns, daß sie nicht über Fasching in Mainz zur Welt kommen müßten. Und wir wünschten uns, daß sie möglichst ohne Kaiserschnitt geboren werden könnten.

Es kam alles anders. Am 3. März, fünfzehn Tage vor dem Termin, kamen sie zur Welt, ausgerechnet in der Nacht von Rosenmontag auf Faschingsdienstag. Von der ersten Wehe bis zur Geburt des ersten Kindes vergingen nur 50 Minuten. Meine Mutter kam mit dem Taxi, um bei Gideon zu bleiben. Ein Krankenwagen war nicht zu erreichen. Die Fahrt bei Nacht, ich hatte Preßwehen schon im Auto, die ich aber gut beatmen konnte – Heinz behielt die Nerven. Er hatte die Wahl, sich um mich zu kümmern oder so zu fahren, daß wir möglichst schnell dort waren. Obwohl Heinz den Weg von der Vorsorgeuntersuchung her kannte, hätten wir uns doch beinahe verfahren. Wir kamen gerade rechtzeitig, zwei Minuten vor der Geburt von Hannah, in der Klinik an. Jonathan mußte 30 Minuten später durch Notkaiserschnitt geholt werden. Hannah war völlig gesund zur Welt gekommen, aber Jonathan mußte für neun Tage auf der Intensivstation betreut werden. Am ersten Tag bangten wir um sein Leben, danach wußten wir lange nicht, wie er sich entwickeln, ob er jemals ein gesundes Kind sein würde.

Was die Fahrt zur Klinik angeht, rät Heinz jedem, den es betrifft, den Weg dorthin einmal bei Nacht zu fahren, um dann auch bei Dunkelheit und größter Aufregung den Weg noch sicher zu finden.

Während ich mich von der Geburt mit ihrem dramatischen Ablauf etwas ausruhen konnte, mußte Heinz nicht nur Gideon betreuen, sondern seine Leute in drei verschiedenen Klinikgebäuden besuchen: Jonathan lag auf der Intensivstation, Hannah auf der Frühgeborenenstation, wo sie aus Vorsicht für zwei Tage untergekommen war. Sie hatte zwar eine völlig andere Geburt als Jonathan und war als ganz gesundes Kind zur Welt gekommen. Aber die besondere Vorsicht bei Zwillingen wurde bei ihr um ein Vielfaches verstärkt von der ärztlichen Sorge um den Bruder. Offenbar ging das nach dem Motto: Wenn einer krank ist, muß man auch beim anderen höllisch aufpassen.

Beide, Hannah und Jonathan, wogen bei der Geburt über fünf Pfund; sie waren ausgetragen. Und nachdem Jonathan zwei Jahre intensiv krankengymnastisch betreut worden war, hatten wir endlich *zwei* gesunde Kinder. Aber bis dahin war es ein mühevoller Weg. Eine solch dramatische Geburt und Folgen für die Entwicklung von Jonathan und damit auch für die Beziehung innerhalb der Zwillingsgemeinschaft, wie wir sie erlebten, sind glücklicherweise nicht der Regelfall. Wer aber Zwillinge erwartet, wird von vornherein mit solchen Schilderungen geängstigt. Das ist unvermeidlich.

Die besondere Sorge um und die besondere Aufmerksamkeit für die Zwillinge beginnen in der Schwangerschaft. Und sie hören nicht auf. Zwillinge zu bekommen und zu haben, ist einmalig, etwas Besonderes. Und das geht einher mit immer neuen Fragen und Unsicherheiten. Auch aus diesem Grunde sind Zwillinge immer etwas Besonderes in der Familie.

Zu Hause angekommen

Nach zwei Wochen wurden Hannah und ich aus der Klinik entlassen. Jonathan mußte noch eine Woche dort bleiben. Wir besuchten ihn täglich, um so viele Tagesmahlzeiten wie möglich selbst zu füttern und in die krankengymnastischen Übungen eingeführt zu werden.

Drei Wochen nach der Geburt waren wir zu Hause endlich komplett. Zum erstenmal lagen beide Kinder nebeneinander auf dem

Wickeltisch. Die gehören beide uns – dachte ich, fast ungläubig, aber auch stolz. Wir packten sie in den gebraucht erworbenen Zwillingswagen, und die neue Familiengröße zeigte sich im Park den Bewunderern. Es waren sehr viele Menschen, die stehenblieben. Und immer wieder die gleichen Fragen: Sind das Zwillinge? Wie alt sind sie? Sind sie eineiig? Na, da haben Sie aber viel Arbeit! Immer wieder mußten wir aufklären, warum ein Pärchen niemals eineiig sein kann. Zunächst gefielen uns die Bewunderungen. Heinz aber wurden sie schon bald zuviel. Und Gideon, der zunächst als stolzer Bruder Einblick in den Wagen unserer Zwillinge erlaubte, schob uns bald weiter, als der Spaziergang immer wieder gestoppt wurde und keiner ihm Aufmerksamkeit schenkte.

Dagegen sollten die vielen Besuche beim Kinderarzt und vor allem die Nächte zur argen Belastung werden.

Der Alltag

In den ersten beiden Jahren nach der Geburt der Zwillinge waren wir fast ausschließlich für die Kinder da. Wie ich schon erwähnte, hatte nach dem ersten Zwillingsjahr auch Heinz eine Halbtagsstelle angenommen, so daß für uns beide die Familie zum hauptsächlichen Aktionsfeld wurde. Heinz mahnte denn auch einmal, daß wir aufpassen sollten, nicht nur für die Kinder zu leben. Denn eines Tages seien sie aus dem Haus. Aber zunächst galt es, den neuen Alltag zu bewältigen – und dabei standen nun erst mal die Zwillinge im Vordergrund.

Essensrhythmus – nach wessen Bedürfnis?

Während unser erstes Kind Gideon in den ersten Lebensmonaten den Rhythmus der Mahlzeiten weitgehend selbst bestimmen konnte, steuerten wir bei Hannah und Jonathan einer «Gleichschaltung» der Bedürfnisse zu. In der Nacht gaben wir dem noch schlafenden Zwilling höchstens 30 Minuten. Dann mußten wir ihn wecken, um nicht wenig später selbst erneut aus dem Schlaf gerissen zu werden. Zugunsten der eigenen Kraftreserven mußten die Bedürfnisse jeweils eines Zwillings zurückstehen. Dieser Anpassungsprozeß dauerte aber nur

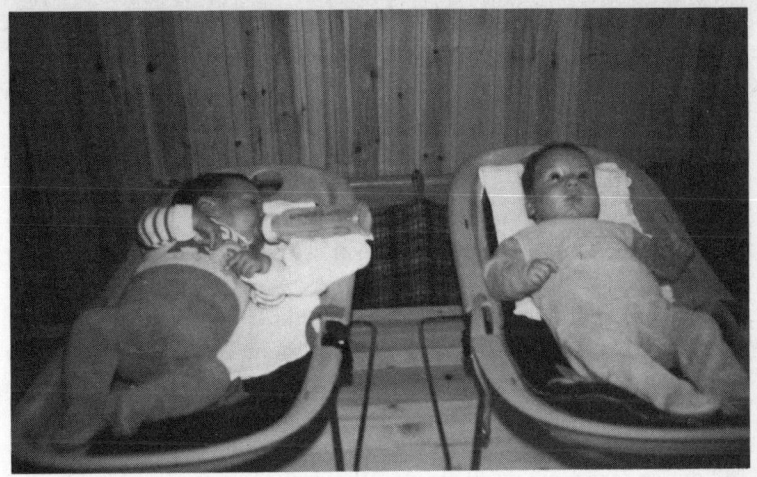

wenige Tage. Dann wurden beide gemeinsam wach, und zwar zu festen, eingespielten Zeiten.

Das Füttern selbst war unproblematisch. Unsere Zwillinge lagen, wenn sie gleichzeitig zu essen bekommen sollten, auf dem Tisch in ihren Liegewippen und wurden von einem von uns gefüttert.

In der Nacht lösten Heinz und ich uns ab, so daß jeder die halbe Nacht durchschlafen konnte. Wir hatten in dieser Zeit getrennte Schlafzimmer. Bei geschlossener Tür konnte so jeder in der «dienstfreien» Hälfte der Nacht versuchen abzuschalten.

Tagsüber dagegen konnten die Zwillinge ihre individuellen Bedürfnisse nach Essen und Schlaf ausleben. Da war es uns sogar lieb, wenn sie etwas zeitversetzt kamen, damit wir die volle Aufmerksamkeit auf ein Kind lenken konnten. Indes hatten Hannah und Jonathan mit wenigen Ausnahmen auch tagsüber ähnliche Schlafrhythmen und fast gleiche Essenszeiten. Da war es gut, daß am Tag oft Hilfe oder Besuch da war, damit die Flaschen nicht «stereo» gefüttert werden mußten.

Auf der einen Seite waren wir glücklich und auch stolz über die unkomplizierte Lösung des gleichzeitigen Fütterns in den Liegewippen, auf der anderen Seite empfanden wir es als Problem, daß die beiden sich dadurch wieder die Zuwendung und Ansprache eines Erwachsenen teilen mußten. Stress.

19

In den ersten zwei Jahren stellte Jonathans Situation besondere Anforderungen an uns: tägliche Krankengymnastik, viele Arztbesuche – und das verbunden mit unseren Ängsten und Unsicherheiten (s. dazu: S. 33 f).

In diesen beiden Jahren waren Hannah und Jonathan zudem besonders anfällig, sie hatten Infektionen gleichzeitig oder direkt nacheinander. Wir waren sehr häufig beim Kinderarzt, der glücklicherweise nur wenige Minuten von uns entfernt seine Praxis hat und uns sehr unterstützte.

Bei diesen häufigen gleichzeitigen Krankheiten veränderte sich der Schlafrhythmus, die Kinder brauchten mehr Zuwendung, wollten herumgetragen werden, mit einem Wort: sie stellten Ansprüche. In solchen Phasen habe ich oft zwischen den Zwillingsbetten geschlafen, um sofort reagieren zu können, den einen Zwilling zu beruhigen, damit der andere nicht wach wurde. Wir mußten zu zweit sein.

Für Heinz gab es zwei extreme Belastungssituationen. Als die Zwillinge zwei Jahre alt waren, erkrankten sie – wieder gleichzeitig – an Röteln, Gideon hatte Lungenentzündung und ich eine fiebrige Grippe. In dieser Woche fand Heinz kaum Zeit zum Schlafen. Die zweite extreme Stress-Situation für ihn ergab sich, als ich nach einem Bandscheibenvorfall operiert werden und länger im Krankenhaus liegen mußte. Mit Unterstützung von außen mußte er die Familie mit den zweijährigen Zwillingen versorgen und zudem noch Gideons Einschulung bewältigen.

Auf Grund des fast gleichen Schlaf- und Eßrhythmus der Kinder äußerten sie meist auch zur gleichen Zeit Hungergefühle oder Unmut wegen Müdigkeit. Das war dann besonders anstrengend, wenn beide brüllten, Zuwendung brauchten und wir gleichzeitig das Essen machen mußten. Am Abend kam Gideon mit seiner Müdigkeit und dem Bedürfnis nach Zuwendung noch hinzu.

Manchmal ging der Stress bis an die Grenze. Oft – besonders häufig im ersten Jahr – packte ich die Kinder entnervt in den Zwillingswagen und fuhr sie durch den Park, immer in der Hoffnung, Gesprächspartner und «Leidensgenossen» zu finden. Dabei erfuhr ich von den vielen Spaziergängern so viel Bewunderung und Anerkennung, aber auch so viel Bedauern über die doch große Belastung, daß ich meistens getröstet und gestärkt wieder nach Hause schob.

Möglichkeiten der Familie, Entlastung zu schaffen, sind in der Regel sehr begrenzt. Die Väter als die Hauptstütze sind berufstätig und können nur wenig helfen. In der ARA-Studie (1983) berichten die Mütter, daß Hilfe durch die eigene Mutter oder Schwiegermutter oft recht problematisch ist. Sie fühlen sich bevormundet von einer «erfahrenen» Mutter, die weiß, wie man's macht, oder eingeengt, weil es die ältere Generation besonders gut meint und belastende Rücksichten notwendig sind. Diese Beziehungen sind selten offen. Geschwister der Zwillingseltern sind nicht greifbar.

«Freunde und Nachbarn finden sich nur bei Familien, die ohnehin über ein besonders enges Netz sozialer Beziehungen verfügen» (ARA-Studie, 1983, S. 87). Angesichts dieser Situation ist unsere erlebte Hilfsbereitschaft ideal gewesen. Wir hatten viele gute Helfer, von denen manche uns fast abrufbar unterstützten.

Als erstes meine Mutter. Sie kam, wann immer wir sie brauchten. Es gab Phasen, da war sie jeden Morgen für uns da. Auch meine Schwester Birgitt, die zum Beispiel einmal spontan in der Nacht die Versorgung der Kinder übernahm, als Heinz nicht da war und ich hohes Fieber bekommen hatte. Meine Freundin Gabi und Jutta, eine andere Schwester von mir, kamen im ersten Jahr regelmäßig an einem Nachmittag in der Woche.

Jutta: «Ich bin deshalb ganz gerne gekommen, weil Anna (ihre Tochter) dann mit Gideon gespielt hat, er damit also Besuch hatte, und ich konnte entweder bei den Zwillingen helfen, oder wir tranken einfach mal Kaffee. Das ist ja auch schön, wenn es sich nicht immer nur um die Kinder dreht.» Jeder hatte dann einen Zwilling, und das war schon eine Erleichterung für mich.

Meine Freundin Gabi ist Hannahs Patentante. Sie sagte mir: «Wenn ich wegen der Zwillinge zu dir kam, ergab es sich oft, daß wir uns miteinander unterhielten, während Hannah und Jonathan allein spielten. Das war – wie du gesagt hast – für dich auch eine Erleichterung. Ich habe gesehen, wie schwierig es ist, sich als Mutter etwas Freiraum zu schaffen, um selbst noch ein Mensch zu sein und nicht nur Mutter.»

Es gab Freunde, die Gideon häufig einluden; oder umgekehrt spielten deren Kinder bei uns mit ihm, und wir Erwachsenen konnten uns auf die Zwillinge konzentrieren.

Eine ausgesprochen kinderfreundliche Nachbarsfamilie unterstützte uns ebenfalls sehr ausgiebig. Es gab oft Situationen, in denen ich nach Entlastung suchte. Schon als Hannah und Jonathan noch Krabbelkinder waren, konnten wir einfach unsere Tür öffnen, und die Zwillinge wurden einen Stock höher freundlich empfangen. Die damals zwölfjährige Tochter dieser Familie begleitete mich häufig bei den Einkäufen und Spaziergängen. Denn die Hindernisse türmen sich, und die Schwierigkeiten sind groß, wenn man mit dem Zwillingswagen allein einkaufen muß.

Diese bislang genannten Helfer waren Entlastung und Unterstützung, weil sie es erstens möglich machten, daß ich mich auf *ein* Kind konzentrieren konnte und ich zudem erwachsene Gesprächspartner hatte, bei denen ich einmal vom Mutter-Sein Abstand finden konnte.

Dies alles wurde leichter, als Heinz nach einem Jahr die erwähnte Halbtagsstelle bekam und wir uns die Sorge und Arbeit in der Familie besser aufteilen konnten. In dieser Zeit empfanden wir es beide als Privileg, für vier Stunden des Tages berufstätig sein zu dürfen. Den Tapetenwechsel mit völlig neuen Anforderungen, vor allem erwachsenen Gesprächspartnern, empfanden wir in dieser Zeit eher erholsam, wenngleich Stress auch hier nicht ausblieb.

Zwillinge zehren an der Substanz der Familie

Die Helfer, von denen im vorigen Abschnitt die Rede war, brachten stundenweise Entlastungen, die Anforderungen rund um die Uhr blieben. Es waren zwei Jahre, in denen wir kaum zum Aufatmen kamen und in denen wir ganz wenig Zeit für uns fanden. Gereiztheit, die sehr schnell der Partner zu spüren bekam, war die Folge. Und auch Gideon hat unsere Ungeduld erlebt.

Heinz litt einige Zeit an Schlafstörungen. Erst nachdem die beiden ersten anstrengenden Jahre bewältigt waren, konnte er allmählich wieder entspannen.

Heinz und ich haben aber auch in der Erinnerung an unsere bislang anstrengendsten gemeinsamen Jahre festgestellt, daß es auch viel

Positives gab: neben den vielen schönen Situationen mit den Kindern viel Anerkennung von außen und damit Entschädigung für den Alltags-Stress. Wir spürten dabei den besonderen Status, den wir als Zwillingseltern sowohl in der Verwandtschaft und bei Freunden wie auch am Arbeitsplatz bei Kollegen einnahmen. Aber das hat mich oft auch gestört: die «Mutter mit den Zwillingen» zu sein. Sonst war ich wohl nichts?

Heute haben wir beide wieder mehr Luft, auch Herr und Frau Haberkorn zu sein, uns als Mann und Frau zu erleben. Jetzt ist der Status als Zwillingseltern eine angenehme, aber nicht mehr einengende zusätzliche Kennzeichnung.

Engere Grenzen, weil es zwei sind?

Uns wurde oft gesagt, unsere Zwillinge seien so unkompliziert und brav. Natürlich waren sie das nicht immer. Aber ich hatte von Anfang an das Gefühl, daß wir bei den beiden weniger Freiräume zulassen konnten, wollten wir die Situation aushalten und bewältigen.

So hielten wir etwa in der Phase des intensiven Erkundungsdrangs von Hannah und Jonathan die Erwachsenen-Räume und Gideons Zimmer tagsüber geschlossen. Bad, Flur, Zwillingszimmer und die große Wohnküche waren für sie frei zugänglich, und da konnte auch nichts passieren. Selbstverständlich waren Türen, hinter denen für die beiden gefährliche Dinge (wie Putzmittel) aufbewahrt wurden, mit einer Kindersicherung verschlossen. Sie hatten zwar viel Platz und Auslauf in der Wohnung. Aber ihre Freiräume waren klar abgesteckt und zwar enger, als das bei einem einzeln geborenen Kind der Fall gewesen wäre.

Diese Klarheit hat den Kindern sicher sehr gut getan. Andererseits hatte ich manches Mal so etwas wie ein schlechtes Gewissen, wenn mir bewußt wurde, daß Hannah und Jonathan nicht nur unsere Zuwendung teilen mußten, sondern daß wir mit ihnen weniger unternahmen, ihnen weniger Außenerfahrungen ermöglichten, weil es uns einfach mit beiden gemeinsam zu anstrengend und aufwendig war.

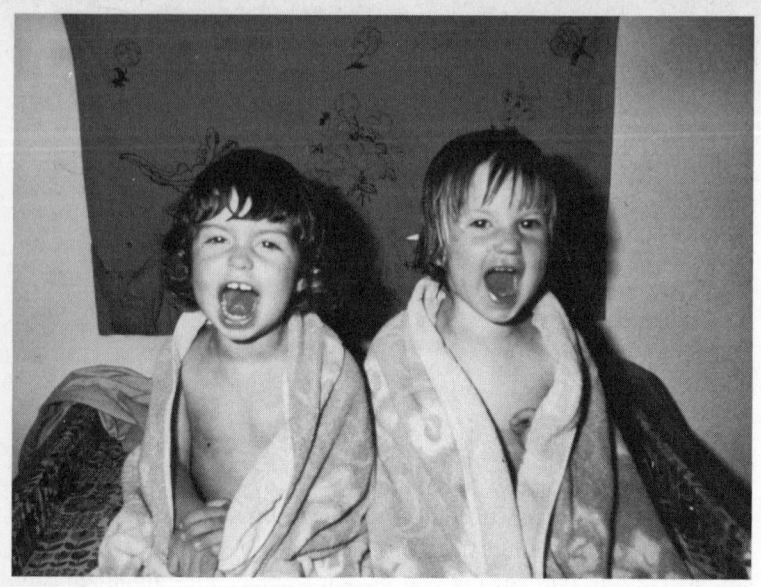

Paarorientiert – dann ist es fast wie ein Kind

Obwohl wir uns *ein* Kind gewünscht hatten, haben wir uns doch auf die Zwillinge gefreut und versucht, ihnen, soweit wie möglich, gerecht zu werden. Und das hieß auch, bei ihnen Unterschiedlichkeit zuzulassen, ihnen verschiedene Freunde und Einzelerfahrungen zu ermöglichen, sie auch von dem anderen Zwilling unabhängiger werden zu lassen. Nähe und Intimität wollten wir ihnen nicht wegnehmen. Diese einzigartigen Erlebnisse von Zwillingen gehören zu ihrem Leben, sind Bestandteil unserer Familiendynamik und einfach auch wunderschön zu erleben. Der Wunsch und das Bestreben, eine eigene Persönlichkeit zu werden, stecken in jedem Kind, auch in jedem Zwilling. Die Ich-Entwicklung gestaltet sich bei Zwillingen grundsätzlich schwieriger als bei einzelgeborenen Kindern. Bei eineiigen Zwillingen ist die Identitätsfindung sogar das wesentliche Problem.

«Die Identitätsentwicklung ist der Prozeß, in dem sich ein menschliches Wesen biologisch und psychologisch zu einem einmaligen Wesen

24

entwickelt» (Schlieben-Troschke 1981, S. 129). Das kleine Kind gelangt dabei zu Ich-Bewußtsein, wenn es erfährt, daß es sich nicht nur von der Mutter, sondern vor allem von dem Zwillingsgeschwister unterscheidet. Damit Zwillinge Gelegenheit zur Weiterentwicklung und Individualität haben, müssen sie einen eigenen Weg innerhalb der Zwillingsgemeinschaft einschlagen dürfen. Individualisierung setzt nicht nur voraus, daß die Eltern sie wollen, sondern daß sie auch die Kraft haben, sie bei den Kindern zuzulassen und zu unterstützen.

In Phasen besonderer Anstrengung waren wir immer wieder versucht, sie eher wie *ein* Kind zu behandeln, das heißt, das Bedürfnis eines Zwillings als Orientierung und zum Maßstab für beide zu nehmen.

Je hilfreicher für uns die Unterstützung durch andere war, um so eher konnten wir individuellen Bedürfnissen beider nachgeben, sie also wirklich wie *zwei* Kinder behandeln.

Die Kleidung macht es deutlich: Zwillinge

In der recht großen Kinderschar unserer Verwandtschaft und Bekanntschaft wird die Kleidung der Kinder oft dem nächstjüngeren weitergegeben. So ist in der Regel ein reicher Grundstock vorhanden, der mit einigen neu geschenkten und wenigen selbst gekauften Stücken angereichert wird.

Auch wir hatten daher immer viele Dinge, aber nie zwei Gleiche zur Verfügung. Zur Geburt wurden uns einige Kleidungsstücke im Partnerlook geschenkt, ähnliche Jacken, gleiche Pullover und Hosen in verschiedenen Farben kamen hinzu. Heinz achtete weniger darauf, ich aber sah schon zu, daß die ähnlichen Jäckchen den Kindern auch zur gleichen Zeit angezogen wurden. Vor allem in den ersten Monaten, in denen die Belastung so stark und das Bewußtsein der Zwillingseltern oder -mutter noch so neu war, wurden Hannah und Jonathan oft ähnlich gekleidet. Und in der Tat ernteten wir die erhoffte Anerkennung: diese süßen Zwillinge – ach, wie sehen sie doch so prächtig aus! Da Hannah mit ihren anfangs blauen Augen und

schwarzen Haaren besser eine blaue Jacke kleidete und Jonathan wegen der blonden Haare und braunen Augen die rote Jacke eher stand,
wurden die neugierigen Bewunderer im Park meist aufs Glatteis geführt, wenn es darum ging, welcher Säugling nun der Junge und welches das Mädchen sei. Und mir machte das Verwirrspiel Spaß. Hatten
die beiden mal gleiche Mützchen, fand ich das eher langweilig. Aber
die anderen fanden das natürlich «süß».

Seht: Unser Zwillingspaar

Ich ging im Sommer mit unseren zweijährigen Zwillingen zum Einkauf, Jonathan in kurzen Jeans und Hannah im entsprechenden
Jeansrock, dazu ähnliche T-shirts und Söckchen. Beide wollten sie
ihre kleinen Einkaufskörbe mitnehmen. Sie hielten sich – was sie
höchst selten taten – an der Hand. Ich empfand bei diesem Anblick
viel Stolz und Freude. Während die beiden etwa 50 Meter weit so
gingen, gab es keinen, der nicht stehenblieb, sich umdrehte. Und die

Leute machten sich gegenseitig auf unsere Zwillinge aufmerksam. Nicht nur sie wurden von allen beachtet, sondern auch ich. Anerkennnung, Achtung und Freude wurden mir signalisiert. Es tat gut, wenngleich es mir auch ein leichtes Unbehagen machte. Auch Hannah und Jonathan spürten die Wirkung, sie faßten sich fester, und stolz gingen sie weiter. Mir wurde in dieser Situation wieder einmal besonders deutlich, wie leicht Zwillinge allein durch ihre äußerlichen Ähnlichkeiten die Aufmerksamkeit auf sich lenken und welch gänzlich andere Erfahrungen sie machen müssen, wenn sie allein auftreten, nicht als Zwilling identifizierbar sind.

«Wir haben auch Zwillinge»

Urlaubserlebnis während einer Führung für Kinder in einem Heimatmuseum. In der wartenden etwa zwanzigköpfigen Schar zwei Mädchen, etwa dreijährig, von der Haarspange bis zu den Schuhen absolut identisch gekleidet, wirklich «goldig». Die Museumspädagogin sieht die beiden, und ein Schwall von Begeisterung regnet auf sie und die stolzen Eltern herab. Heinz und ich hielten unsere schon etwas müde gewordenen Zwillinge, die nicht gleich gekleidet waren, auf dem Arm. Während diese beiden Mädchen so im Mittelpunkt standen, dachte ich: Verdammt noch mal, wir haben auch Zwillinge. Und in diesem Augenblick sagte Heinz es – für alle hörbar: «Wir haben auch Zwillinge.» So bekamen wir auch einen Teil der Zwillingsbegeisterung ab und waren zufrieden.

Aber es kam uns auch wieder der Gedanke: Zwillinge stehen bei äußerlicher Gleichheit immer sofort im Mittelpunkt. Wie muß es einem Zwilling zumute sein, wenn er allein unauffällig in der Gruppe oder im Alltag «untergeht»? Wie wird er es schaffen, Selbstbewußtsein durch Individualisierung zu erreichen und nicht auf das Wir-Bewußtsein angewiesen zu sein, das durch die Stereotypisierung entsteht? Wir wollten unseren Kindern möglichst früh die Erfahrung vermitteln, daß sie als Einzelperson wichtig sind, als Hannah und Jonathan.

Unterschiedliche Kleidung hilft nicht nur den Zwillingen selbst und den Eltern, sondern auch der Umwelt, Eigenständigkeiten zu sehen, zu fördern und zu akzeptieren.

Immer wieder haben wir zu Hause darüber gesprochen, und auch Gideon wußte bald, daß es für Zwillinge sicher besser ist, wenn sie nicht gleichgemacht werden. Das ging so weit, daß er bei einem Spaziergang – er war fünf – eine andere Zwillingsmutter fragte, warum sie ihre Kinder gleich anziehe, wo es doch für die Zwillinge besser sei, unterschiedlich gekleidet zu sein.

«Wie bei Zwillingen»

Als Hannah und Jonathan im Kindergartenalter waren, hatten sie keinerlei gleiche Kleidung mehr. Sie kannten aber zwei Zwillingspaare aus dem Kindergarten, die immer gleich gekleidet auftraten. Nun kauften wir ihnen im Winter Stiefel. Und weil es keine verschiedenen Ausführungen in diesem Geschäft gab, bekamen sie beide die gleichen. Sie unterschieden sich nur in der Größe. Beide hatten natürlich die neuen Schuhe gleich auf dem Heimweg anbehalten. Im Auto besahen sie sich ihre neue Fußbekleidung. Und plötzlich meinte Hannah zu Jonathan: «Sieh mal, wir haben ja die gleichen Schuhe an! Wie bei Zwillingen.» Natürlich «wußte» sie, daß sie und ihr Bruder «Zwillinge» sind. Aber «Zwillinge» sein und wie «Zwillinge» aussehen – das ist offenbar doch etwas sehr Verschiedenes!

Besondere Nähe durch gleiche Kleidung

Welches Mädchen hat nicht gerade in der Pubertät mit einer Freundin durch gleiche Kleidung nach außen hin die besondere Nähe der Beziehung deutlich gemacht? Auch junge Paare wollen oft Harmonie, Gleichklang oder besondere Nähe zueinander nach außen mit gleicher Kleidung oder Partnerlook zeigen. Kinder spielen, sie seien Zwillinge; dabei ziehen sie sich gleich an. Dies ist offenbar – von außen betrachtet – das erste und deutlichste Kennzeichen eines Zwillingsdaseins.

Gideon hat sich mit Jonathan einen gleichen Pullover gewünscht. Beide stehen vor dem Spiegel. Gideon stolz zu Jonathan: «Jetzt sind wir Zwillinge.» In diesem Augenblick kommt Hannah dazugerannt, umarmt Jonathan und protestiert: «Nein, wir sind Zwillinge.» So einfach, durch äußerliche Zuordnung zum großen Bruder, läßt sie sich ihren Zwilling nicht wegnehmen. In diesem Fall wirkte die besondere Nähe, hergestellt und ausgedrückt durch gleiche Kleidung, wie Gideon als Nichtzwilling sich das gewünscht hatte, auf Hannah bedrohlich, und sie wehrte sich dagegen, ihren Zwillingsbruder als äußerlichen «Zwilling» des größeren Bruders erleben zu müssen. Als sich Hannah so verhielt, war sie knapp dreijährig.

«Du machst ja Zwillinge aus uns!»

Als Hannah vier war, da sprach sie im Sommer wieder diesen Zwillingsmythos an. Und diesmal anders. Sie ertappte mich dabei, wie ich ihr und Jonathan gleiche, allerdings verschiedenfarbige Hosen für den Kindergarten anzog. Sie besah sich und ihren Bruder und meinte erstaunt: «Du machst ja Zwillinge aus uns!» Sie hat jetzt offenbar doch zwei klar voneinander geschiedene Zwillingsbegriffe: «Zwillinge sein» oder «wie Zwillinge aussehen».

... beiden gerecht zu werden

Als ich aus der Vollnarkose nach dem Notkaiserschnitt aufgewacht war, waren Jonathan und Hannah schon auf der Intensiv- bzw. Frühgeborenenstation. Hannah sah ich zum erstenmal einen Tag später. Da wurde sie mir ins Zimmer gebracht. Ich war glücklich mit meiner Tochter, die gesund und zufrieden neben mir lag. Ich war auch neugierig auf sie und wie wir miteinander klarkommen würden. Es war für mich ein neues Gefühl, ein Mädchen geboren zu haben. Wir verbrachten ruhige Stunden miteinander, ich konnte sie füttern, beobachten, viel mit ihr schmusen, sie einfach genießen. Wenn sie weinte, ließ sie sich sehr schnell von mir beruhigen. Ich hatte ein gutes Gefühl, so wie ich sie kannte. Es ging mir sehr gut mit ihr.

Mit Jonathan war es völlig anders. Ich sah ihn zum erstenmal vier

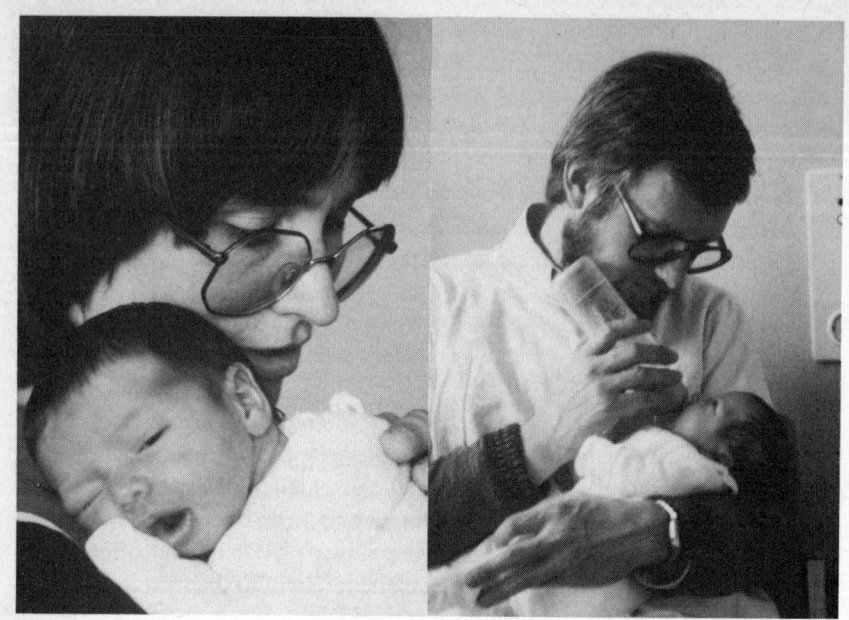

Tage nach der Geburt im Inkubator. Vorher hatte ich es nicht geschafft hinzugehen. Zwar hatte ich mich von Beginn an bei jeder Gelegenheit über seinen Zustand erkundigt, nach neuen Untersuchungsergebnissen, Fortschritten und prognostischen Einschätzungen gefragt. Auch von allen Besuchern, vor allem von Heinz und Gideon, hatte ich mir deren Eindrücke über Jonathan schildern lassen, aber als mich am dritten Tag ein Arzt gedrängt hatte, Jonathan zu besuchen, ich könne mich hinfahren lassen, hatte ich mich körperlich noch nicht imstande gefühlt, diese Anforderung durchzuhalten. So hatte ich jedenfalls zunächst gedacht, bis ich mir eingestehen konnte, daß ich ihn eigentlich noch gar nicht sehen wollte. Ich wollte zunächst dieses eine, gesunde Kind ungeteilt genießen.

Einen Tag später schaffte ich es dann und ging mit Heinz und einigen Verwandten zu Jonathan. Er lag im Inkubator und hatte die Augen noch geschlossen. Ich durfte ihn streicheln. Ich weiß noch heute, daß ich mit den Tränen kämpfen mußte, als ich seine Haut spüren konnte, aber das Kind selbst für mich noch so weit weg war. Ich hoffte, daß er die Zuwendung spürte, aber er konnte noch nicht reagieren.

Ab diesem ersten Kontakt mit Jonathan mußte Hannah meine Zuwendung mit ihrem Bruder teilen. Während zuvor meine Beziehung zu Jonathan eher auf Verstandesebene bestand, war nun auch emotional Hannah zum Zwilling für mich geworden. So oft es ging, besuchte ich Jonathan, konnte ihm ganz bald die Flasche geben. Auf meinem Nachttisch hatte ich ein Bild von ihm. Hannah lag neben mir in ihrem Bettchen. Während ich mich mit Hannah schon einigermaßen sicher fühlte, war meine Vorstellung von der Person des Jonathan noch sehr vage. Ich wußte einfach noch zu wenig von ihm und seinen Reaktionen, und sein möglicher Entwicklungsablauf war noch höchst ungewiß. Dies prägte selbstverständlich die Art der Beziehung zu den Kindern.

Für Heinz stellte sich die Beziehungsaufnahme anders dar. Er konnte unmittelbar nach der Geburt beide Kinder sehen. Das bedeutet auch: er konnte sich nicht wie ich zunächst auf ein Kind konzentrieren. Er hatte vom ersten Tag an eine emotionale Beziehung zu Hannah *und* Jonathan. Er konnte auch früher als ich beiden die Flasche geben. Seine Kontaktaufnahme und eigenständige Beziehung zu Hannah und Jonathan war erleichtert durch das räumliche Getrenntsein der Zwillinge voneinander. Die Folge: er konzentrierte sich jeweils ganz auf das eine Kind.

Diese völlig verschiedenen Ausgangsbedingungen von Hannah und Jonathan haben es uns leichter gemacht, unverwechselbare Beziehungen zu jedem von ihnen aufzunehmen.

Freunde und Verwandte haben uns später gesagt, daß sie – zumindest im ersten Lebensjahr der Zwillinge – bei Heinz und mir unterschiedlich intensive Beziehungen zu beiden beobachten konnten. Heinz sprach eher auf seine Tochter an, die ihn anlachte und mit ihm schmuste, während ich stärker auf Jonathan bezogen war, schon bedingt durch die tägliche Krankengymnastik, die ich mit ihm machte. Gleichwohl wirkte Heinz mit besonderen Tobespielen meiner eher behütenden Tendenz bei Jonathan von Beginn an entgegen. Aus unserer Sicht konnten wir bei jedem Kind jeweils sich ergänzende Anteile einer Beziehung einbringen und ansprechen. Eine sicher ganz hilfreiche Arbeitsteilung, die uns selbst – wie gesagt – allerdings gar nicht bewußt war.

Das Problem, beiden gerecht zu werden, will ich mit zwei Situationsschilderungen beleuchten.

Schon von Beginn an konnte ich bei mir und anderen beobachten, daß wir zunächst mit einem Kind sprachen, aber gleich darauf uns dem anderen Zwilling zuwandten, um ihn ja nicht zu benachteiligen. War man allein mit beiden, hatte man kaum Ruhe, bei einem Kind zu verweilen. Gleichzeitig konnten wir beobachten, daß bei den Spielen und Späßen auf dem Wickeltisch mit einem Kind jeweils der andere sich auch zumindest bedingt angesprochen fühlte. Er schien zu partizipieren, Mimik und Gestik gingen mit.

Eine andere Situation: Man hat einen Zwilling auf dem Schoß, natürlich will der andere sofort das gleiche Recht in Anspruch nehmen. Dieses Bild gab es in den ersten zwei bis drei Jahren sehr häufig bei uns zu sehen: ein Erwachsener hat auf jedem Bein einen Zwilling. Diese waren zunächst damit zufrieden, hatten sie doch beide wenigstens einen Teil dessen, was sie für sich beanspruchten. Gleichzeitig konnte der Erwachsene das Gefühl haben, kein Kind zu benachteiligen.

Kann man denn den zweiten Zwilling mit seinem Bedürfnis nach Zuwendung warten lassen und sich zunächst ruhig dem einen Kind zuwenden?

Unsere beiden mußten immer wieder die Erfahrung machen – und das ist unabänderlich mit dem Zwillingsdasein verbunden: Nur selten kann ich eine Person für mich beanspruchen, immer ist da ein gleichaltriger Konkurrent, der mit mir um Zuwendung und Aufmerksamkeit streitet.

Als Hannah und Jonathan älter wurden, haben sie sich zunehmend dagegen gewehrt, daß das andere Bein des Erwachsenen von dem anderen Zwilling besetzt wurde. Sie haben uns und dem Geschwister deutlich gemacht, daß sie jetzt für den Augenblick die Person ganz für sich haben wollten. In solchen Situationen mußte der andere dann vertröstet werden. Beispiel: Ich besuchte unsere Oma mit Hannah und Jonathan. Beide wollten sie auf ihren Schoß. Hannah war die schnellere und durfte zuerst zum Schmusen kommen. Zu Jonathan sagte Oma zum Trost, daß er gleich zu ihr dürfe. In dieser Situation wurde mir so richtig deutlich: Hannah konnte bei ihrer Oma nicht wirklich entspannt ausruhen, sie für einen Augenblick ganz für sich haben, weil sie wußte, gleich kommt Jonathan dran. Oder ist es doch möglich, in einer solchen Situation den Kontakt ganz auszukosten? Wie hier meine Mutter versuchte, den Bedürfnissen der beiden gerecht zu werden, genauso haben wir und andere es auch immer wieder versucht.

Auch wenn es immer wieder den Kampf um Zuwendung gab und gibt, haben die Zwillinge doch im Laufe der Jahre in unserer Familie ein sicheres Grundgefühl des Angenommen-Seins und Geliebt-Seins entwickeln können. Auf dieser Grundlage gelingt es uns heute besser, einen Zwilling einfach einmal stehenzulassen, weil der andere den Erwachsenen offenbar gerade nötiger braucht.

Wichtig erscheint uns, daß sie möglichst oft auch eine geliebte erwachsene Person oder auch einen Freund für sich haben können, und zwar in Situationen, in denen der andere Zwilling nicht dabei ist. Einerseits sollen Hannah und Jonathan ihr Aufeinander-Bezogensein intensiv leben können, sie erhalten dadurch u. a. ja auch sehr viel Zuwendung; andererseits können wir ihnen am ehesten gerecht werden, wenn sie daneben möglichst häufig ohne den «anderen» Eigenständigkeit und Unabhängigkeit erproben und so allmählich Individualität entwickeln können.

Die besondere Ausgangssituation von Jonathan – und die gesunde Hannah

Wir haben uns lange überlegt, ob wir dieses Thema überhaupt aufnehmen sollten. Jonathan ist heute ein gesundes Kind mit besonderen. Stärken und selbstverständlich auch Problemen. Ärztin und Krankengymnastin des Kinderneurologischen Zentrums in Mainz, die ihn in regelmäßigen Abständen betreuen, rieten uns, in neuen Situationen künftig Jonathans Schicksal nicht mehr zu erwähnen. Er müsse die Chance haben, als gesundes Kind angesehen zu werden. Auch wir sehen die Gefahr, daß die Information über die Anfangsschwierigkeiten, ist sie erst in Akten festgeschrieben, langfristig zur Stigmatisierung führen kann. Deshalb informierten wir beim Eintritt in den Kindergarten die Erzieher nicht über seinen besonderen Lebensanfang. Das war völlig problemlos. Denn eine Gefahr von Krämpfen oder anderen Schwierigkeiten gab es nicht.

Aus zwei Gründen haben wir uns dann doch entschieden, über dieses Thema nicht zu schweigen.

Erstens: Die Situation der gesamten Familie war – zumindest während der ersten achtzehn Monate – von Jonathans Schicksal geprägt. Die Beziehung zwischen Hannah und Jonathan ist nur mit diesen Informationen zu verstehen.

Es geschieht zweitens immer wieder, daß ein Zwilling – meist der Zweitgeborene – gefährdet, von Behinderung bedroht oder gar in lebensbedrohlichem Zustand geboren wird.

Jonathans Situation

Jonathan galt während des ersten Lebensjahres als ein «von Behinderung bedrohtes» Kind, so die offizielle Bezeichnung. Sein Zustand während der Geburt: drohender Herzstillstand, Armvorfall, Sauerstoffmangel; nach der Geburt: spontane Krämpfe, pathologisches EEG, extreme Muskelschwäche, Tendenz zum Schiefhals.

Nach einer Woche öffnete er zum erstenmal die Augen. Es war für uns seine zweite Geburt. Ab diesem Zeitpunkt machte Jonathan kraftvoll Fortschritte, er lernte schnell das Saugen und trank gut aus der Flasche. Aber so, wie er auch das Saugen erst erlernen mußte, wurde im ersten Lebensjahr jeder Lernfortschritt durch intensive Gymnastik erarbeitet. Er mußte wegen der anfänglichen Krämpfe bis zum dritten Lebensjahr vorsichtshalber medikamentös eingestellt bleiben. Die EEGs waren aber schnell ohne Befund, also in Ordnung. Trotzdem blieb bei uns noch lange die Angst vor hirnorganischen Folgen aus seiner Geburt.

Als Jonathan zehn Tage alt war, begann die tägliche Gymnastik nach einer Methode, die alltägliche Handlungen wie zum Beispiel das An- und Ausziehen und vor allem das Spiel in die Übungen einbezieht. Ganz in unserer Nähe fanden wir Frau Peters, die uns während der Dauer der Gymnastik, den ersten achtzehn Monaten, eine große Unterstützung war. Sie nahm sich sehr viel mehr Zeit, als ihr von den Krankenkassen bezahlt wurde. Als sie feststellte, daß Jonathan mit einem Jahr in der Atmosphäre der Praxis so stark blockiert war, daß nur gegen seinen Willen oder zumindest sehr mühsam geturnt werden konnte, verlegte sie den Ort der Behandlung in sein Kinderzimmer. Wir fühlten uns bei ihr sehr gut aufgehoben. Vor allem half sie uns immer weiter, wenn wir entmutigt von den Untersuchungen der Risikoberatung aus der Uniklinik Mainz zurückkamen. Jonathan fühlte sich dort offenbar nicht wohl, und daher ergab sich dort immer ein viel schlechteres Bild von ihm, als wir es hatten. Als er zehn Monate alt war, wechselten wir darum ins Kinderneurologische Zentrum Mainz. Dort ging es bei den Untersuchungen mit Ruhe und viel Verständnis zu, und zwar sowohl für das Kind wie für die beteiligten Erwachsenen. Diese Termine konnten wir mit gutem Gefühl wahrnehmen.

Jonathans Leben war für ihn und für uns zunächst sehr anstrengend. Er mußte mühsam lernen, den Kopf gerade zu halten, zu greifen, zu drehen etc. Jeder Schnupfen, jede kleine Krankheit warfen ihn wieder zurück. Einmal kam ich ganz niedergeschlagen von der Krankengymnastik nach Hause und sagte Heinz, der Jonathan auf dem Arm hatte, es sei nicht sicher, ob er jemals laufen lernen werde. Heinz guckte auf Jonathan und antwortete: «Dann tragen wir dich halt.» So haben wir uns mögliche schwere Folgen immer wieder ausgemalt, und es war klar, daß wir die Anforderungen gemeinsam anpacken würden.

Als die Zwillinge ein Jahr alt wurden, lernte Hannah laufen, und Jonathan lernte krabbeln. Wir gewöhnten uns bald ab, die beiden ständig zu vergleichen, zumal der Unterschied in den ersten beiden Jahren sehr eindeutig war. Jonathan war einfach anders, brauchte viel mehr Zeit. Seine Lernerfolge wurden besonders honoriert, dagegen waren uns Hannahs Fortschritte eher selbstverständlich.

Unser Verhältnis zu Jonathan – vor allem aber das der beiden Großmütter und einiger Verwandter – ist dadurch noch immer stark beeinflußt. Diese besondere Art der Beziehung ist uns bewußt. Er zeigt uns jeden Tag neu, wie gesund er sich entwickeln konnte, und damit auch, wie sehr sich unsere tägliche Mühe gelohnt hat. Er hat gelernt, sich anzustrengen und zu kämpfen. Das sehe nicht nur ich

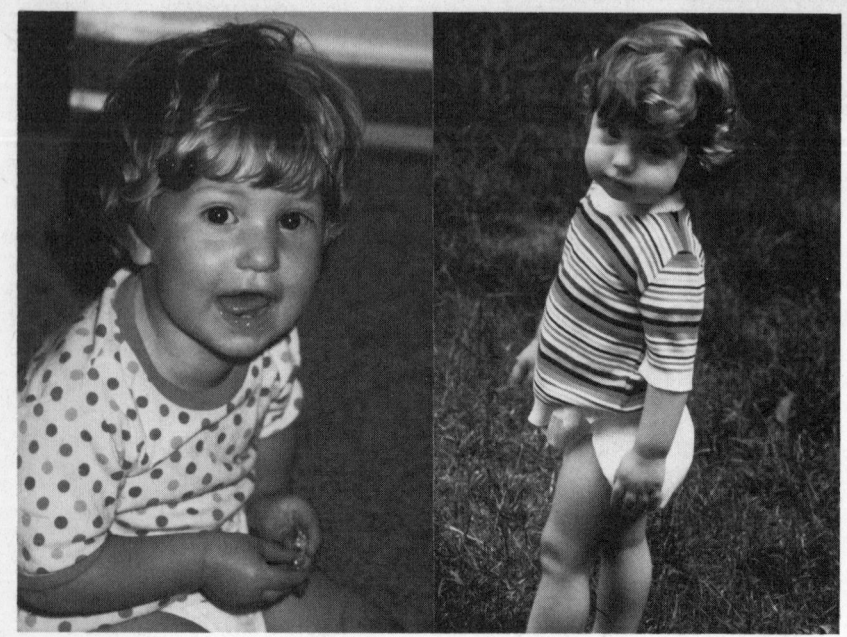

diesem Kind heute noch an. Und nicht zuletzt auf Grund der vielen
Zuwendung hat er einen sehr positiven Hintergrund. Er ist ein sonni-
ges Kind, das viel aushält.

Hannah

Hannah war von Beginn an ein goldiges und pflegeleichtes Kind.
Wenn ich mit Jonathan turnte, spielte Hannah lieb für sich. Durch ihr
freundliches Verhalten holte sie sich auch viel Zuwendung.

Heute denke ich, daß sie keine andere Chance hatte. Wir hätten
kaum Kraft und Zeit gehabt, auf besondere Anforderungen von ihr
befriedigend zu antworten. Dabei ging es ihr aber nicht schlecht. Als
einziges Mädchen in der Familie und auf Grund ihres Wesens war sie
sehr beliebt, und sie wurde auch von Verwandten und Besuchern gern
auf den Arm genommen.

Vermutlich hat sie genau gespürt, wann welche Freiräume für sie offenstanden, wann sie ihre besonderen Bedürfnisse einbringen konnte. So war sie tagsüber sehr unkompliziert. Während aber Jonathan am Abend schnell einschlief und in der Regel bis zum Morgen durchschlief, verlangte Hannah hier die besondere Aufmerksamkeit. Sie mußte öfter noch mal herumgetragen werden, und Heinz sang ihr ein Schlaflied. Nachts forderte sie unsere Zuwendung und Tee. Auch heute noch ist Hannah sehr schnell geneigt, die Große, Vernünftige zu sein, die den Erwartungen der Erwachsenen entspricht, dabei aber Gefahr läuft, sich zu überfordern. Sie kann ihre Wünsche, klein zu sein und verhätschelt zu werden, erst dann besser ausleben, wenn Jonathan mit ihr gleichgezogen hat. Dies wird im folgenden Kapitel am Beispiel der Selbständigkeit deutlich und später noch einmal am Beispiel des Übergangs in den Kindergarten zu beschreiben sein.

Veränderungen in der Zwillingsgemeinschaft

Die Beziehung von Hannah und Jonathan ist geprägt: einerseits von Vertrautheit, Toleranz und Wärme füreinander, andererseits von dem Versuch der Abgrenzung, dem Kampf zweier gleichaltriger Konkurrenten um Sympathie und Aufmerksamkeit vor allem der Erwachsenen.

Wie die Beziehung zwischen den Geschwistern sich entwickelt, unterscheidet sich in einer Zwillingsgemeinschaft von anderen Geschwisterkonstellationen ja vor allem durch die Altersgleichheit, die keine «natürliche» Hierarchie vorgibt. Zudem herrscht der Mythos: Gleichheiten, besondere Nähe und Übereinstimmung sollen demnach den Zwillingen eigen sein. Unsere beiden, Hannah und Jonathan, allerdings haben als Pärchenzwillinge unter diesem Mythos weniger zu leiden.

Noch im großen Kinderwagen, also innerhalb des ersten halben Jahres, gab es immer wiederkehrende «Konflikte»: Ab und zu nahm Jonathan der Hannah die Rassel weg, oder Hannah haute mit ihrer Rassel auf Jonathans Kopf, der dann zu weinen begann.

Außer dem Kinderwagen, der wegen seiner Enge bald zum beiderseitigen Ärgernis wurde, war der Wickeltisch der Ort, an dem die Zwillinge langen und intensiven Kontakt zueinander hatten. Sie drehten sich dabei auf die Seite zueinander, faßten sich gern an der Hand oder versuchten auf andere Weise, Hautkontakt zu dem anderen Zwilling zu finden.

Sie begannen schon früh, einander anzusehen und sich anzulachen. Aber Hannah lachte auch, wenn Jonathan zu weinen begann. Ob sie sich einfach freute, wenn sie etwas von ihm hörte?

Mit dreieinhalb Monaten begann Jonathan häufiger zu erzählen. Dabei konnten wir immer wieder beobachten, daß er sofort still war, wenn Hannah ihm «ins Wort fiel», und er seine «Rede» erst weiterführte, wenn Hannah zu Ende erzählt hatte.

Mit sechs Monaten erzählten sie miteinander, sahen sich lange an und lachten. Wir standen oft begeistert dabei und sahen zu, wie sie miteinander Spaß hatten.

Mit zehn Monaten spielten sie in ihren Hochstühlen «Backekuchen» oder streckten die Arme nach oben, um zu zeigen, wie groß sie sind. Meist begann Hannah und animierte Jonathan zu diesem Spiel, das sie dann abwechselnd oder gemeinsam spielten. Und dabei lachten sie laut.

Mit vierzehn Monaten erfanden sie in der Küche immer neue Krabbelspiele, bei denen Tisch und Stühle mitmachen mußten. Das Lachen der beiden konnten wir in den anderen Zimmern hören.

Bis zu diesem Alter beherrschten, wenn wir einmal von den Konflikten im engen ersten Kinderwagen absehen, Spaß und Spiel die Beziehung der beiden. Konflikte wie den um die Rassel gab es recht selten. Streit und Auseinandersetzungen sollten erst in der Zeit danach eine größere Rolle spielen.

Auseinandersetzungen

Bei Zwillingen ist das so: Keines hat gelernt, auf das andere Rücksicht zu nehmen. Hannah und Jonathan kämpften mit gleicher Härte und Brutalität – jedenfalls seitdem Jonathan der Hannah körperlich nicht mehr unterlegen war. Es ging mit Ziehen am Haar, Beißen und Kratzen und mit entsprechend lautstarken Wut- und Schmerzensschreien los. Glücklicherweise dauerten diese Konflikte nicht sehr lange an.

Vorher hatte Hannah Jonathans Unterlegenheit genutzt, erworbene Positionen zu verteidigen. Das ging etwa so lange, bis Jonathan mit achtzehn Monaten laufen lernte. In dieser Zeit dominierte Hannah wie eine ältere Schwester, und Jonathan hatte in Streitereien wenig Chancen, sich ihr gegenüber durchzusetzen. Einige Male hat sich Hannah sogar auf den liegenden Jonathan gestellt. Dieser schrie, wehrte sich aber nicht.

Wir ermunterten ihn, sich zu wehren, statt zu schreien. Aber erst allmählich wurde er kräftiger und selbstbewußter und lernte seine Stärken in der Auseinandersetzung kennen.

In dem Maße wie sie mit ihren unterschiedlichen Fähigkeiten einen vergleichbaren Entwicklungsstand erreichten, differenzierten sich die Konfliktstrategien auch:

Jonathan reagiert heute eher körperlich, denn so ist er Hannah überlegen. Oder er schüchtert seine Schwester durch wütendes Geschrei ein.

Hannah hat gelernt, sich bemitleiden zu lassen – aber auch, bei der Suche nach Konfliktlösungen viele Ideen zu entwickeln, um damit ihren Bruder zu überzeugen.

Beiden fällt es leicht einzulenken, sie versöhnen sich gern, ohne nachtragend zu sein.

Ich bin wir

Im allgemeinen verzögert sich – im Vergleich zu einzeln geborenen Kindern – bei Zwillingen der Prozeß der Ichfindung. Diese ist mit der notwendigen Abgrenzung zum anderen Zwilling verbunden. Häufig

macht ein Zwilling den Anfang, er kann sich eher absetzen als das noch abhängigere Zwillingsgeschwister.

Jonathan hörte zwar ebenso früh wie Hannah auf seinen Namen, bezeichnete aber noch mit 22 Monaten sein Spiegelbild meist mit dem Namen seiner Schwester. Auch sein Bett gehörte Hannah, so drückte er es aus. Deutlich wurde die Position Hannahs in seiner Erlebniswelt auch beim Telefonieren. Er ging gern ans Telefon und sprach viel mit seinem Gegenüber. Aber er erzählte nicht von sich, sondern berichtete, was Hannah gerade machte. Dabei gab es für ihn keine – wie das bei eineiigen Zwillingen manchmal vorkommt – Verwechslung zwischen seinem Ich und dem seiner Zwillingsschwester. Er konnte sich in seiner Erlebniswelt von Hannah nicht ablösen. Erst wenn der Gesprächspartner am Telefon ihn aufforderte, von sich zu erzählen, tat er es.

Hannah zeigte mit 21 Monaten auf sich und sagte «ich». Einige Wochen zuvor hatte sie bereits ihr Spiegelbild erkannt und mit ihrem

Namen benannt. In der Phase davor hatte sie ihr Spiegelbild mit «Joda», dem Namen des Zwillingsbruders, bezeichnet.

Jonathan kann sich schwerer absetzen und lösen als Hannah, wenngleich auch sie sehr an ihrem Bruder hängt. Aber sie ist bereits unabhängiger in ihrer Willensbildung und bei der Wahrnehmung und dem Akzeptieren ihrer eigenen Emotionalität.

Wie Jonathan mit zwei Jahren die Abspaltung seiner Person von Hannah noch nicht vollzogen hatte, gab es überhaupt kaum Situationen, in denen er ausschließlich von sich sprach. Entweder berichtete er über seine Schwester «die Hannah will ...», oder er nannte beide in einem Atemzug «ich und die Hannah ...». Dabei war deutlich, daß er sich an Hannah orientierte, ihre Gefühle übernahm und eher ihr Anhängsel war. Wir versuchten oft, seinen Willen zu erfahren, aber es fiel ihm sehr schwer, von Hannah unabhängige Meinungen und Wünsche zu haben.

In diesem Alter begannen wir auch intensiver, Individualisierungstendenzen zu unterstützen. Ich komme später darauf zurück (s. S. 45).

Jonathan hat im Verlauf der letzten beiden Jahre ganz gut gelernt, sich mit seinem Ich anzufreunden und eigene Bedürfnisse und Wünsche unabhängiger von Hannah wahrzunehmen und zu äußern. Dabei haben ihm sicher die vielen Erfahrungen geholfen, die er unabhängig von seiner Schwester machen konnte.

Aber immer wieder gibt es Phasen, in denen eines von beiden stärkere Unsicherheiten spürt und in der Folge die Orientierung am Zwillingsgeschwister sucht. «Ich muß erst mal die Hannah fragen, was wir wollen», war vor wenigen Wochen regelmäßig Jonathans Rede, wenn wir ihn nach seinen Wünschen fragten. Oder er fragte zurück, ob wir Hannah schon gefragt hätten. Im Fall des Falles diente ihm ihre Antwort dazu, sich ihr anzuschließen oder sich davon abzusetzen: «Ich will das aber nicht.» Dabei war deutlich zu spüren, daß sich der eigene erst nach dem Wissen um Hannahs Wunsch entwickelte.

Positionen wechseln innerhalb der Paarbeziehung

In Büchern über Zwillinge stößt man oft auf die Begriffe «Innenminister» und «Außenminister». Gemeint ist damit eine wiederkehrende

Erfahrung: ein Zwilling kümmert sich stärker um die Beziehung zueinander, der andere ist als «Außenminister» genötigt, «seine Menschenkenntnis und Kontaktfähigkeit öfter zu gebrauchen und zu üben, und ist folglich fast stets auch der Extrovertiertere, Gewandtere und Unabhängigere, derjenige, der sich notfalls leichter aus der Zwillingsgemeinschaft lösen und ein selbständiges Leben führen könnte. Dem anderen fällt die Aufgabe des ‹Innenministers› deshalb mehr notgedrungen zu, um als integrative Kraft in der Zwillingsgemeinschaft allen separatistischen Versuchungen des anderen Zwillings ständig entgegenzuwirken ... Der ‹Außenminister› ist nicht nur der Sprecher für beide, sondern auch derjenige, der überwiegend Entscheidungen trifft, die beide Zwillinge angehen» (Karcher 1977, S. 179f).

Die hier beschriebene Funktionsteilung innerhalb der Paarbeziehung findet sich weniger bei Zwillingspaaren, die nach Individualisierung streben, sondern eher bei solchen, die stark paarorientiert leben.

Die extrovertierte Position des «Außenministers» mit ihrer Dominanz in der Paarbeziehung konnten wir aber auch bei unseren Zwillingen und auch bei anderen beobachten.

In der Geschichte von Esther und Tobias (s. S. 76) wird beschrieben, wie durch die Krankheit eines Zwillings die Positionen innerhalb der Zwillingsgemeinschaft getauscht wurden.

Bei Hannah und Jonathan war es ja ähnlich gelaufen. Hannah hatte in den ersten beiden Lebensjahren die Außenkontakte für sich und ihren Zwillingsbruder wahrgenommen. Und auf Grund seiner Startschwierigkeiten hatte sie in der Rolle der etwas älteren Schwester zugleich die Beziehung nach innen gestaltet.

Im Alter von zwei Jahren erkrankte Hannah an einer schweren Angina. Sie hatte dabei mehrere Tage hohes Fieber und war noch lange geschwächt. Jonathan, der in seiner Entwicklung Hannah jetzt fast ebenbürtig war, nahm die Chance wahr, die in der Situation ihm angemessene Rolle des «Außenministers» zu übernehmen. Er hatte Mut und Interesse, auf andere Menschen zuzugehen, und machte sich zum Wortführer für beide. Diese «Vertretung im Krankheitsfall» ließ er sich auch nach Hannahs Genesung nicht mehr aus der Hand nehmen. Er hatte sich innerhalb der Zwillingsgemeinschaft emanzipiert.

Bei Hannah folgte eine lange Phase der Irritation, die wir zunächst als Schwäche in der Folge der Krankheit interpretierten. Aber es hatte ihr einfach die Sprache verschlagen. Ihre dominierende Rolle in den Außenbeziehungen war ihr weggenommen worden. Dabei erlebte sie, wie freudig die Umwelt auf Jonathans Entwicklung reagierte, denn die Gestaltung der Außenkontakte ist zugleich mit Zuwendung durch Dritte verbunden. Trauer, Resignation und die Suche nach ihrer neuen Rolle kennzeichneten ihr Verhalten.

Heute haben die beiden offenbar flexible Vereinbarungen. Jonathan ist noch immer derjenige, der den Kontakt mit Dritten aufnimmt, dabei manchmal für beide spricht (und auch die unterschiedlichen Wünsche deutlich macht) oder aber nur seine Interessen wahrnimmt.

Hannah sorgt mehr für die Abstimmung der Wünsche nach innen wie etwa bei der Gestaltung von Spielen. Aber beide sind nicht mehr so stark auf ihre Rollen fixiert, sie können wechseln und damit jedem Zwilling den Rückzug innerhalb der Zwillingsgemeinschaft ermöglichen. Dennoch: Jonathan ist noch immer der deutlich abhängigere Zwilling, bisher jedenfalls hält er für sich keinen Fortschritt konsequent durch, wenn Hannah ihn nicht nachvollzieht.

Jüngstes Beispiel: der Eintritt in den Turnverein, von beiden gewollt, von Hannah ersehnt. Sie war es, die es kaum erwarten konnte. Aber kaum hatten wir die Turnhalle betreten, rannte sie zum Ausgang zurück und wollte wieder nach Hause. Damit hatte ich nicht gerechnet. Jonathan wurde unsicher. Eigentlich wollte er turnen, aber es zog ihn auch zu seiner Schwester. Hannah ließ sich überreden, wenigstens von der Bank aus zuzuschauen, wie Jonathan mit Freunden zum erstenmal mitturnte. Aber nach zwei Übungen verließ ihn der Mut, er fand das Turnen zu schwierig und setzte sich zu seiner Schwester. Im weiteren Verlauf der Stunde konnte die Leiterin dieser Turngruppe beide zum Mitturnen überreden. Jonathan wäre allein sicher nicht mit ihr gegangen. Aber gemeinsam hatten sie dann den Mut und Spaß, die Stunde bis zum Ende mitzumachen.

Auch den Gang zum Kindergarten will Jonathan weit selbständiger gestalten als Hannah. Sie möchte bis zur Tür gebracht werden, während er gern ab der letzten Straßenüberquerung allein gehen möchte. Es fehlt ihm noch ein wenig Überzeugungskraft, damit Hannah diesen Schritt zur Selbständigkeit mitgeht. Wenn man so will, blockiert

Hannah in solchen Situationen ihren Bruder, seinen Wunsch, nach mehr Unabhängigkeit und Selbständigkeit zu gehen, weil er die Loslösung von seiner Schwester noch nicht vollzogen hat. Dagegen kann Hannah ihren Weg gehen, unabhängig davon, ob Jonathan ihn mitgeht oder aber bei uns bleibt. Ihre Entwicklungsfortschritte sind nicht davon abhängig, ob Jonathan sie nachvollzieht. Sie nutzt sie eher dazu, sich als «großes Mädchen» abzusetzen.

Trennungserfahrungen

Ich habe schon davon gesprochen, wie wichtig es uns war, Hannah und Jonathan schon früh getrennte Erlebnisse und Erfahrungen sammeln zu lassen, sie sollten sich selbst außerhalb der Zwillingsgemeinschaft erleben und von anderen erlebt werden.

Deshalb nahmen wir, wann immer es möglich war, nur einen Zwilling zum Einkauf mit. Dabei mußten wir aber erleben, daß die Umwelt es dem allein auftretenden Zwilling nicht leicht macht. Ständig wurde er an den zweiten Teil der Paargemeinschaft erinnert. Wer unsere Zwillinge kannte, fragte meist auch, wo denn der andere, warum er nicht auch dabei sei? Und in der Stimme klang Bedauern, so daß Heinz oder ich uns beeilten, das Gespräch auf ein anderes Thema zu lenken. Solche Reaktionen machten uns immer wieder die Sicht der anderen deutlich, daß Zwillinge nur gemeinsam «vollständig» sind. Daß Hannah und Jonathan sich selbst als eigenständige Personen unabhängig vom Zwillingsgeschwister erleben, war offenbar nur uns Eltern wichtig. Außerdem waren wir mit einem Zwilling allein beweglicher und konnten dem Kind so besser Erfahrungen zugänglich machen, die für ein einzelgeborenes Kind selbstverständlich sind.

Als die Zwillinge zwei Jahre alt waren, wollten sie allein zur Oma. Meine Mutter nahm jeweils einen Zwilling für einige Stunden mit zu sich nach Hause. Es war für Oma und Kind angenehm, sich allein zu haben. Und zu Hause hatten wir eine neue Situation: der hier verbliebene Zwilling mußte plötzlich allein entscheiden, was er tun will – intensiver mit dem großen Bruder spielen? Oder mit den beiden Erwachsenen? Wie gewohnt hatte auch bei diesem Ablösungsschritt

Hannah den Anfang gemacht und Jonathan seine Schwester vorge-
schickt: «Zuerst die Hannah ...»

Bei dieser ersten Trennung von seiner Schwester beschäftigte er
sich in Gedanken so intensiv mit ihr, daß er jedem, der es hören
wollte, mitteilte, wo Hannah ist und was sie dort wohl tut. Er hatte
seine Premiere «allein bei der Oma» wenige Tage später. Auch dort
sprach er viel von Hannah. Beide freuten sich sehr beim Wieder-
sehen. In der Folge wurden solche Besuche wiederholt, wann immer
es sich einrichten ließ.

Seit sie drei Jahre alt ist, darf Hannah in den Ferien ab und zu ihre
Patentante allein besuchen und dort übernachten. Seit die beiden vier
sind, übernachtet eines von ihnen montags bei meiner Mutter. Sie
sind beide stolz über diesen Schritt in die größere Unabhängigkeit.

Wenn man bedenkt, daß es auch schon Phasen gab, in denen keines
ohne das andere ins Bett ging, so haben unsere Zwillinge schon einen
großen Schritt in Richtung Individualisierung, Eigenständigkeit und
Selbständigkeit getan.

Ich möchte noch eine Beobachtung aus einer Trennungssituation
beschreiben, weil sie uns half, die Entscheidung für eine Trennung im
Kindergarten zu fällen. Hannah mußte mit drei Jahren wegen einer
Gehirnerschütterung drei Tage stationär in die Klinik aufgenommen
werden. Gideon weinte, und auch Jonathan war traurig. Während
Hannah zum erstenmal in ihrem Leben einen Erwachsenen Tag und
Nacht für sich beanspruchen konnte, litt Jonathan am ersten Tag unter der Trennung von seiner Schwester. Auch in dieser Situation
wurde ihm die Traurigkeit von einigen Leuten immer wieder neu ge-
radezu eingeredet, indem sie in Kenntnis um Hannahs Situation sagten: «Ach, da bist du aber sicher traurig, wenn dein Schwesterchen
nicht da ist.»

Am zweiten Tag begann er, sich mit der Situation abzufinden, er
wurde frei und lebte auf. Am dritten Tag begann eine sehr intensive
Spielphase mit dem großen Bruder. Er schien Hannah nicht zu ver-
missen, sondern sogar zu vergessen. Uns wurde durch diese Erfahrung klar, daß Jonathan sich auch im Kindergarten – nach bewältigter
Trennung – ohne seine Schwester viel freier würde entfalten können,
als es ihm mit ihr gemeinsam jemals möglich wäre. Weitere Gründe
für die Trennung im Kindergarten beschreibe ich auf S. 133 f.

Pärchenzwillinge haben, anders als gleichgeschlechtliche Zwillingspaare, die Chance, sich durch ihre geschlechtstypische Orientierung
voneinander abzugrenzen. Mit drei begann Hannah vor allem Röcke
anzuziehen, um nicht wie ein Junge auszusehen. Aber auch im Umgang und Ausdruck suchen sich beide – unterstützt von der Familie –
geschlechtstypische Verhaltensweisen und erleichtern sich damit ihren Prozeß der Ich-Findung und den anderen, eine unterschiedliche
Beziehung zu ihnen aufzunehmen. Hannah und Jonathan sind sehr
ausgeprägte Vertreter ihres Geschlechts. Wie sie sich untereinander
auseinandersetzen, habe ich schon beschrieben (S. 39). Da Hannah
einen bekommen hatte, wollte auch Jonathan einen Puppenwagen.
Wir fanden bei Bekannten für ihn einen Sportwagen. Er benutzte ihn
aber weniger zum Puppenspiel, als daß er damit durch die Wohnung
und den Park raste. Allerdings: er spielt auch mit seiner Pumuckl-
Puppe, seinem «Baby», macht mit ihr Turnübungen und nimmt sie
mit ins Bett.

Hannah hat ein Puppenhaus, mit dem sie sich ausgiebig beschäftigt:
sie liebt das Spiel mit besonders kleinen Dingen. Sie war schon sehr
früh für uns das «süße kleine Mädchen» – eine Zuschreibung, die
sicher auch einengend sein kann.

Auch die Strategien der beiden, um zu einem gewünschten Ziel zu
gelangen, waren aus unserer Sicht schon sehr früh typisch «männlich»
und typisch «weiblich». Jonathan versuchte schon als kleines Kind,
seine Interessen offen durchzusetzen, und nahm dabei den Konflikt in
Kauf. Bei Hannah dagegen konnten wir oft den Weg zum Ziel ihrer
Wünsche kaum nachvollziehen, wir haben oft selbst nicht gemerkt,
wie leise und «raffiniert» sie ihre Interessen verfolgte, ohne dabei den
Konflikt riskieren zu müssen. Eine ganze Weile sahen wir die Gefahr
bei Hannah, die die Erwartungen der Erwachsenen sehr sensibel er-
spürt, daß sie in ihrem Wunsch nach Anerkennung als «liebes, ver-
nünftiges Mädchen» ihren eigenen Interessen zu wenig nachgeht oder
sich durch besondere Anpassungsleistung überfordert.

Und zum Schluß dieser Überlegungen hier noch zwei Beispiele, die
den Wunsch der beiden nach Abgrenzung deutlich machen: Zur Zeit
haben sie den Wunsch, vor dem Einschlafen eine Kassette zu hören.

Es gab über viele Wochen hin täglich Streit über die Wahl der Kassette, weil die jeweils vom anderen ausgewählte grundsätzlich auf Ablehnung stieß. Dies – so schien es uns – nur deshalb, weil der andere sie wünschte und nicht, weil man sie nicht mochte. Es war und ist ein Machtkampf. Es geht um die Durchsetzung eines eigenen Wunsches.

Zweites Beispiel: Jonathan hat mit zunehmender Eigenständigkeit viele Wochen lang immer wieder ein eigenes Zimmer verlangt. Er wollte wie Gideon eigene Regale, eigene Spielsachen, um zum Beispiel ungestört und ohne Streit Kassetten hören zu können. Wenigstens hat er damit erreicht, daß die beiden Zwillinge jetzt jeder im gemeinsamen Zimmer ein kleines Regal mit einigen eigenen Dingen haben. Und diese Regale sind beiden besonders wichtig. Es ist gut, eine kleine Ecke für sich allein zu haben.

Immer diese Vergleiche!

Auch wenn wir sagen, Hannah und Jonathan sind einfach unterschiedlich, haben wir sie schon verglichen. Es geht gar nicht anders: der ständige Vergleich läßt sich nicht vermeiden. Bei unseren Zwillingen können wir allerdings nicht feststellen, daß sie sich gegenseitig ihre besseren Leistungen vorrechnen. Wir Erwachsenen aber schaffen es kaum, nur drei Sätze über einen Zwilling zu sagen, ohne einen Vergleich zum Zwillingsgeschwister zu ziehen. Und selbstverständlich spüren auch die beiden – ohne daß das ausgesprochen wird –, daß die Umwelt Gleiches von ihnen erwartet.

Bei Jonathan erlebe ich Ablehnung gegen das Malen und manchmal sogar Aggression, denn er spürt, daß Hannah ihm hier überlegen ist. Anfangs zeigte er seinen Ärger, indem er in ihr Bild hineinmalte und es so zerstörte. Wir stellten die beiden Spieltische im Kinderzimmer auseinander, nicht nur, damit Hannah ungestört malen konnte, sondern auch, damit Jonathan nicht so leicht durch Hannahs Kunstfertigkeit bei seinen eigenen Versuchen entmutigt würde. Er malt aber immer noch selten und traut sich dabei wenig zu. Hannah möchte gelobt werden, und wir freuen uns mit ihr über ihre Werke. Wäre Jonathan etwas jünger als Hannah, würden wir ihn vertrösten. In seiner Situation können wir ihm nur Mut machen, auch einmal allein mit ihm malen, wenn er es will, und einfach feststellen, daß es eben Dinge gibt, die der andere besser kann.

Nicht ausgesprochene Absprachen

Wenn nur ein Erwachsener tagsüber zu Hause ist, kann zur selben Zeit immer nur ein Zwilling besondere Zuwendung bekommen. In solchen Situationen haben wir oft den Eindruck gewonnen, als gäbe es eine stille Vereinbarung innerhalb der Zwillingsgemeinschaft, wer zu welchem Zeitpunkt die besondere Aufmerksamkeit in Anspruch nehmen kann.

Das fing schon damit an, daß Jonathan im ersten Lebensjahr besonders viel Aufmerksamkeit erforderte und währenddessen Hannah ein liebes, unkompliziertes «pflegeleichtes» Kind war.

Eine viel spätere konkrete Situation dieser Art war folgende: Als Jonathan nach langen Wochen in seiner Kindergartengruppe integriert war, begann Hannah zum erstenmal damit, morgens nicht im Kindergarten bleiben zu wollen. Anders als sonst konnte ich mir jetzt für Hannah mehr Zeit nehmen, im Gruppenraum bleiben und noch etwas mit ihr spielen. Das war vorher nicht möglich gewesen, als Jonathan mich noch mehr festgehalten hatte. Als er mich loslassen und ich ihn abgeben konnte, machte Hannah von der Möglichkeit Gebrauch, meine nunmehr freie Aufmerksamkeit auf sich zu lenken. Sie nutzte das nur wenige Tage. Dann war auch dies glücklicherweise überstanden.

Oder als sie eineinhalb waren. Da kam – etwa eine Stunde nach dem Zubettgehen – jeweils immer nur ein Zwilling zu uns und wollte bei uns bleiben. Nie kamen beide gleichzeitig. Es war, als hätten sie sich abgesprochen. Einer schlief weiter, während der andere das Einzelkinddasein bei uns erlebte. Als wir dieses Ritual so verstanden, konnten wir es akzeptieren. Zunächst hatten wir nicht gerade begeistert auf die allabendliche Störung reagiert.

Auch in späteren Phasen, in denen die Zwillinge nachts in unser Bett wollten, gab es nur wenige Situationen, in denen beide gleichzeitig kamen. Entweder sie wachten zu unterschiedlichen Zeiten auf, dann durften sie kurz in unser Bett zum Schmusen und schliefen dann in ihrem eigenen Bett weiter, oder sie schliefen abwechselnd in ihren Betten durch, so daß wir jeweils nur ein Kind bei uns hatten.

Selbstverständlich wollen wir mit diesen Geschichten nicht sagen, daß das immer so sein müsse. Wahrscheinlich gibt es auch Fälle, in denen beide Zwillinge meistens gemeinsam kommen.

Wir sind froh, daß beide diese für uns anstrengenden Phasen überwunden haben. Aber es ist uns immer ein Rätsel geblieben, wie diese stillen Übereinkünfte zwischen Hannah und Jonathan zustande gekommen sind.

Geschwister- und Paarbeziehung

Wenn neben dem Zwillingspaar noch ein oder mehrere Geschwister in der Familie sind, kann die Paarbeziehung nicht unberührt davon bleiben. Denn dadurch entsteht eine besondere Dynamik: oft wechselnde Koalitionen machen die Zwillingsbeziehung offener. In unserer Familie würden Hannah und Jonathan viel stärker aufeinander fixiert aufwachsen, gäbe es nicht den älteren Gideon, der sich mit seinen Interessen und Bedürfnissen einbringt.

Er mag seine Schwester besonders gern, die sich ihm gegenüber auch anders verhält als der kleine Bruder. Jonathan idealisiert Gideon, setzt sich auch sehr lautstark mit ihm auseinander. Beide entwickeln zur Zeit der Abfassung dieses Buches mehr Gemeinsamkeiten und planen, später einmal in ein gemeinsames Zimmer zu ziehen.

Wenn Gideon mit seinen Geschwistern spielen möchte, finden sie entweder zu dritt ein Spiel – dann ist es gut –, oder die Zwillinge fühlen sich gestört und schmiegen sich enger zusammen – dann bleibt Gideon allein. Aber es kommt auch vor, daß Gideon mit einem der Zwillinge intensiv spielt und der andere Zwilling allein bleibt. Als zum Beispiel die dreijährige Hannah nach einem mehrtägigen Krankenhausaufenthalt nach Hause gekommen war, hatte Gideon sich ihrer mit vielen Freundlichkeiten bemächtigt, so daß Jonathan nicht hatte mithalten können. Am Tag der Entlassung spielten Hannah und Gideon in Gideons Zimmer Arzt. Die Zimmertür war geschlossen. Jonathan wollte gern mitspielen. Seine Spielidee, um sich einzubringen: Er klopfte an die Tür und sagte, er habe Zahnschmerzen und müsse behandelt werden. Hannah öffnete selbstbewußt die Tür und sagte nur: «Wir behandeln keine Zähne!» Dann war die Tür wieder zu. Jonathan blieb draußen. Er tat mir leid, aber ich dachte, daß Hannah und Gideon auch die Möglichkeit haben müssen, ein Spiel allein für sich zu gestalten.

Unsere drei Kinder – das Zwillingspärchen und der große Bruder – können in drei verschiedenen Konstellationen ihr Spiel zu zweit organisieren. Dabei ist jede Konstellation von einer besonderen Attraktivität. Am intensivsten, ausgeglichensten und friedlichsten geht es allerdings immer noch zu, wenn die Zwillinge miteinander spielen.

Die Situation des großen Bruders

Gideon war vier Jahre lang unser einziges Kind. In dieser Zeit galten ihm unsere ungeteilte Liebe, Zuwendung und Aufmerksamkeit. Er mußte aber auch unsere Unsicherheiten und Unausgeglichenheiten allein aushalten – Schicksal des ersten Kindes.

Während der Schwangerschaft nahmen wir uns viel Zeit, ihn, soweit es ging, einzubeziehen, und er freute sich auch auf die beiden künftigen Geschwister. Gleichzeitig ließ er uns auch seine Unsicherheiten spüren, die mit dieser Geburt verbunden waren. Er brauchte in dieser Phase unsere Nähe und Zuwendung ganz besonders.

Nach der Geburt waren zunächst Interesse und Neugier am stärksten. Er konnte Hannah bei mir sehen und streicheln, wenn auch nur flüchtig; denn es war in der Uniklinik damals noch nicht erlaubt, Geschwisterkinder zu den Neugeborenen zu lassen. Er sah Jonathan vor mir durch die Scheiben der Intensivstation und konnte mir von ihm berichten. Er, der große Bruder, durfte mit seinem Vater die anderen in den Kliniken besuchen und betreuen. Auch im Kindergarten und bei Freunden waren seine täglichen Neuigkeiten gefragt.

Sein «Entthronungserlebnis» begann, als beide Zwillinge nach drei Wochen zu Hause waren.

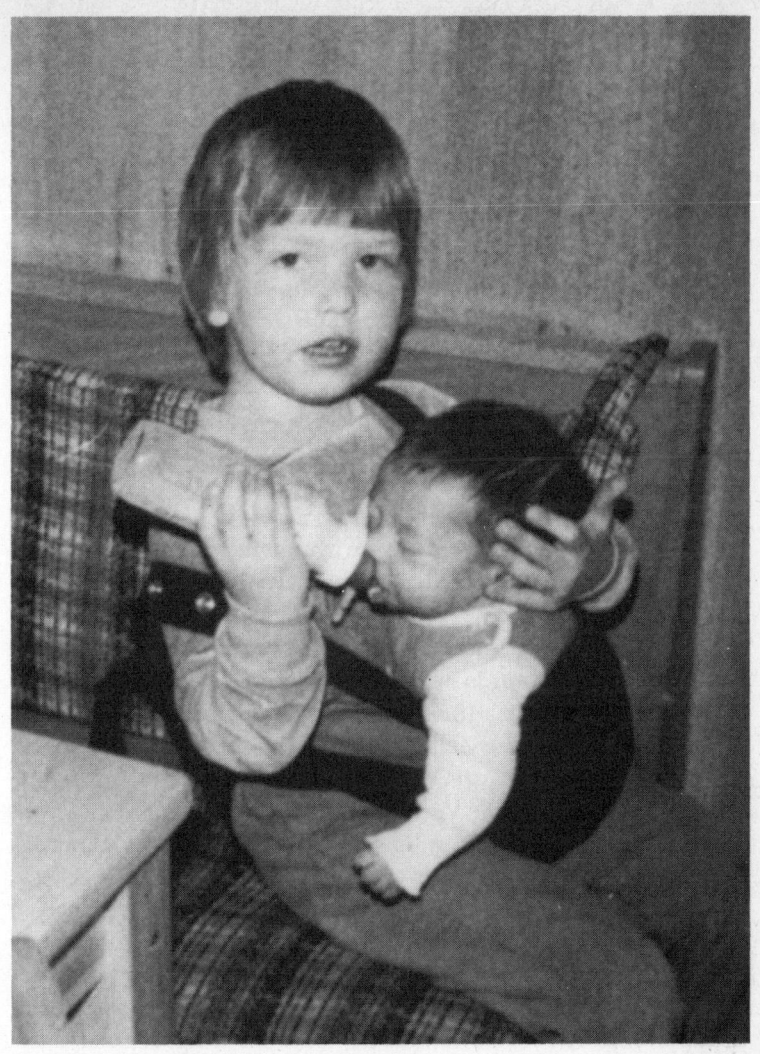

Entthronung durch zwei

Vier Jahre Einzelkind. Und nun auf einmal hatten die Eltern öfters keine Zeit für ihn. Und wenn Besucher kamen, dann wollten sie die

Zwillinge sehen. In der Regel ist es doch so: Wenn ein Geschwister zur Welt kommt, wird der Vater die Haupt-Bezugsperson für das ältere Kind. Wir aber hatten plötzlich beide einen Säugling auf dem Arm, dessen Bedürfnisse nicht aufschiebbar waren. Wir hatten uns vorgenommen, Gideon so gut es ging in seiner schwierigen Situation zu helfen, seine Aggressionen in Maßen zuzulassen. Und er sollte auch die negativen Gefühle gegen die Geschwister äußern können, damit die positiven echt sein konnten.

Aber es gab doch viele schwierige Situationen. Als besonders belastend stellte sich auch der Druck von außen heraus; alle wissen ja, wie sich ein großes Geschwister dem Säugling gegenüber zu verhalten hat.

Ein Beispiel: Die 18-Uhr-Mahlzeit war die erste, die die Zwillinge zeitgleich zu sich nahmen, also auch die erste Situation, die die volle Aufmerksamkeit von Heinz und mir forderte. Sie war ja auch für uns neu. Gideon reagierte darauf mit Trotz und Wut («keiner hat Zeit für mich») und versuchte mit allen Mitteln, unsere Aufmerksamkeit auf sich zu ziehen. Am nächsten Tag – wir wollten diese Situation nicht noch einmal erleben – sprachen wir vorher mit ihm und überlegten gemeinsam, wie er diese 30 Minuten für sich sinnvoll gestalten könnte, so daß er zufrieden sein und wir uns auf die Zwillinge konzentrieren könnten. So wurde in den folgenden Tagen der Fernseher mit seiner Kinderstunde von 18.00 bis 18.30 Uhr der ideale «Babysitter», der wenigstens für diese Zeit den Kampf um Zuwendung vergessen ließ.

Eine andere Situation: Verwandte und viele Bekannte meldeten sich oder kamen, um die Zwillinge zu sehen. Es ist nun mal etwas Besonderes, zwei Säuglinge auf einmal zu erleben. Und natürlich waren auch die meisten Besucher so pädagogisch sensibel oder einfach nur nett, Gideon etwas mitzubringen. Doch damit wollte er sich nicht abspeisen lassen. So versuchte er, möglichst viel seines Einzelkinddaseins zurückzuholen, also die Aufmerksamkeit auf sich zu lenken. Er zog an einem Bein eines Zwillings, wollte unbedingt dann auf unseren Schoß, wenn ein Säugling auf dem Arm war, war besonders laut, wenn die Kleinen schlafen mußten etc.

Mit der Zeit fanden wir als Familie zu fünft Wege, uns das Zusammenleben so zu organisieren, daß Gideon damit eher klarkommen konnte. Dies wurde immer dann jäh aus dem Gleichgewicht gebracht, wenn Außenstehende dazukamen und in der Folge sich wieder alles um die Zwillinge drehte, ohne daß Gideon sich integrieren konnte. Aus diesem Grunde haben wir nach den ersten Erlebnissen alle Besuche, außer von ganz wenigen engen Verwandten und Freunden, für einige Wochen abgelehnt. Gern gesehen waren allerdings auch in der Zeit schon die Eltern von Gideons Freunden (die meist auch unsere Freunde sind), weil sie ihm einen Spielkameraden mitbrachten. Das waren entlastende Besuche.

Zwar konnte Gideon bald schon – besonders morgens oder in ruhigen Stunden am Tag – geduldig und voll Freude mit seinen Geschwistern spielen, aber er war oft sehr wild mit ihnen. Zum Beispiel ließ er die beiden auf ihren Liegewippen hochfedern, so daß es von Oma und anderen Ermahnungen gab. Sie erinnerten ihn an seine neue Aufgabe als großer Bruder. Oma meint im Rückblick dazu heute: «Wie ihr das gelassen hingenommen habt, wenn Gideon wirklich aggressiv gegen die Zwillinge war. Wenn er sie geschubst hat oder gepiekt. Mir haben die Zwillinge leid getan. Einmal war er ganz lieb und dann wieder ganz eklig zu ihnen.»

Die meisten sahen vor allem die schwachen und kleinen Zwillinge, während wir eher auch Gideons Problem im Blick hatten. Wir meinten, die Zwillinge sollten schon einiges aushalten müssen, würden sie doch noch viele Vorteile und positive Erlebnisse mit Gideon haben. Dennoch schritten auch wir, je nach unserer nervlichen Verfassung, oft viel zu früh ein. Ließen wir ihn gewähren, stellten wir nämlich fest, daß die beiden, vor allem Jonathan, Gideons wildes Spiel liebten, und mit Juchzer und Lachen antworteten. Manchmal mußten wir Hannah und Jonathan auch vor Gideon schützen.

Gideon hat nicht nur uns, sondern – zumindest in den ersten Monaten – auch seine Oma an die Geschwister abgeben müssen. Früher war sie gekommen, um ihm vorzulesen, mit ihm zu spielen oder spazierenzugehen.

Die Oma heute: «Gideon ist natürlich zu kurz gekommen. Er hat sich zurückgezogen, war sehr zurückhaltend mir gegenüber und ist oft gleich in sein Zimmer verschwunden, wenn ich kam. Ich habe ihn auch gelassen. Er hat mir zwar leid getan, aber ich konnte es auch verstehen. Er hat halt gemerkt, ich komme wegen der Zwillinge, um da zu helfen. Meist ging er ja in den Kindergarten.»

Der Bruder, der gleich zwei Geschwister bekam

Immer wieder betonte Gideon seine besondere Situation, der einzige zu sein, der zwei Geschwister auf einmal bekommen hatte. Er war darauf eben auch stolz und fand entsprechende Beachtung unter Freunden, unter denen einige zur gleichen Zeit ein Geschwister bekamen oder sich eines wünschten oder bereits hatten.

Er hatte nicht wie wir den Wunsch, beiden gerecht zu werden, wenn er mit ihnen spielte, sondern er wandte sich dem zu, der sich auf ihn konzentrieren wollte. Es war fast immer einer ansprechbar, wenn Gideon mit einem der Säuglinge spielen wollte.

Er entwickelte aber auch viel Geschick, beide in seinen Bann zu ziehen. Er erntete dann doppelte Zuwendung. Das Spiel mit beiden hatte für ihn offenbar einen besonderen Reiz und machte ihn oft sichtbar froh.

Später, im zweiten bis dritten Lebensjahr der Zwillinge, ging Gideon dazu über, sich seinen Wunschspielpartner auszusuchen. Zunächst war es Hannah, die sich eher seinen Wünschen und Ideen anpaßte. Mit Jonathan entwickelte er zeitweilig Tobe- und Kampfspiele, während er mit Hannah manchmal lieber schmuste.

Dann gab es eine Phase, in der Gideon nach dem Aufwachen einen Zwilling zum Schmusen in seinem Bett haben wollte. Er fragte uns, welcher Zwilling wach sei oder speziell nach Hannah oder Jonathan. Gideon machte das sehr lieb und zärtlich.

Und offensichtlich waren auch dies Momente, in denen er mit seiner Situation sehr zufrieden war.

Das Problem, zwei gleichaltrige Geschwister zu haben

In den ersten Jahren, in denen unsere Zwillinge zwar viel miteinander spielten, aber größere Spielhandlungen, Phantasiespiele oder gemeinsames Malen und Bilderbuchbetrachten noch nicht über längere Zeit miteinander durchhielten, konnte Gideon leichter einen Zwilling für sich und seine Spielidee gewinnen. Solche ausdauernden gemeinsamen Spiele entwickelten die Zwillinge zunehmend, seit sie im Kindergarten sind; Gideon muß sich seither viel einfallen lassen, um in ihr

Spiel hineinzukommen. Der große Bruder muß, um mitspielen zu dürfen, bitten. Und er wird auch abgelehnt, wenn er in die Spielidee der beiden nicht hineinpaßt. So ist er nicht selten allein, obwohl er zwei Geschwister hat. Dank seiner starken Phantasie gelingt es ihm jedoch häufig, ein Spiel zu dritt zu organisieren.

Als die beiden kleiner waren, konnte Gideon oft einen Streit der beiden schlichten oder einfach nur dadurch einen Konflikt lösen, daß er mit einem Spiel ablenkte. Seitdem Hannah und Jonathan älter als zwei sind, tragen sie ihren Streit miteinander aus. Wenn Gideon sich guten Willens einmischt, wird er von beiden angegriffen. Er lernt allmählich, sich herauszuhalten. Vermutlich fällt ihm das nicht leichter als uns Eltern.

Wir wollten Gideon ersparen, was Heinz aus seiner Erinnerung so gut kennt: Er wurde für den Streit seiner fünf Jahre jüngeren Zwillingsgeschwister verantwortlich gemacht und bestraft, wenn er in deren Nähe spielte. Ganz gelingt das nicht. Wir wissen zwar, daß unsere Zwillinge intensiv streiten können. Dennoch schimpfen wir oft zunächst mit Gideon, in der Annahme, daß er den Unfrieden einbrachte. Er als der ältere Bruder wird immer noch viel zu schnell zur Verantwortung gezogen und bekommt als erster unseren Ärger zu spüren. Glücklicherweise wehrt er sich gegen ungerechtes Behandeln, und wir können seine Argumente oft aufnehmen.

Gideon genießt offensichtlich die seltenen Stunden, in denen nur ein Zwilling zu Hause ist, um sich in dieser Zeit auf diesen einen zu konzentrieren. In solchen Situationen gibt es wenig Streit – eine erholsame Zeit für alle. Kommt der andere Zwilling nach Hause, finden die beiden Gleichaltrigen schnell wieder zu ihrer Intimität, und Gideon zieht sich zurück. Manchmal mit der Bemerkung: «Jetzt bin ich doch überflüssig.»

Diese Problemschilderungen sollen uns nicht die vielen gelungenen Situationen vergessen lassen, in denen Gideon mit beiden lange Spielphasen teilt, ihnen vorliest und ihm zwei Kinder aufmerksam zuhören, in denen er beide – sie stolz an der Hand führend – von Spielfreunden abholt. Oder er legt Wert darauf, mit beiden zu baden, auch wenn der Platz in der Wanne immer enger wird.

Die Bindung zu den Geschwistern ist doppelgesichtig, zwiespältig. Das wird auch an folgendem deutlich: Einerseits sieht Gideon es nicht gern, wenn Hannah und Jonathan beide nicht zum Mittagessen da sind («wenigstens einen Zwilling hättet ihr zu Hause behalten sollen»); andererseits sagte er, während eines dreitägigen Krankenhausaufenthaltes der Zwillinge, er sei froh, daß beide einmal nicht zu Hause seien. Er würde sie gern besuchen, aber er fände es schön, wenn sie noch länger wegbleiben würden. Wir haben das so verstanden, daß er das Einzelkinddasein genoß.

Dieses Einzelkinddasein hatte Gideon auch ein halbes Jahr nach der Geburt der Zwillinge wenigstens für zehn Tage zurückerhalten, als er sich einen Leistenbruch zuzog. Jeweils ein Elternteil war bei ihm Tag und Nacht in der Klinik. Nach einer Durststrecke von sechs Monaten konnte er überprüfen, ob wir in einer Situation, in der er uns besonders brauchte, für ihn da sein würden. Welch organisatorischer Aufwand nötig war, um unsere Haltung ihm gegenüber in die Tat umzusetzen, ist sicher für jeden leicht nachvollziehbar. Ohne die allzeit bereite Oma als Stütze hätten wir es wohl nicht geschafft.

Gideon hat ein eigenes Zimmer, in dem er sich schon immer vor der Invasion der Zwillinge schützen konnte, Freunde und viele Interessen. Auch wenn sich seine Beziehung zu den beiden immer mehr entspannt, bleibt tendenziell das Problem der doppelten «Entthronung»: Gideon hat Zwillinge als Geschwister, die, wenn sie wollen, nie allein sind, oft im Mittelpunkt stehen, als deren Spielpartner aber er oft als Dritter im Bunde die Intimität der Gleichaltrigen stört. Er hat sich schon oft selbst einen Zwilling gewünscht.

Eines scheint sich aber heute schon abzuzeichnen: Gideon und Jonathan werden irgendwann in ein Zimmer ziehen, darüber beginnen sie jetzt zu sprechen und sich auch schon darauf zu freuen. Damit würde die Geschwisterdynamik neue Dimensionen erhalten.

Die ersten Freundschaften

Hannah durfte früh bei Gideons Spielen dabeisein. Sie konnte sich gut integrieren oder einfach anpassen. Gideons Freunde mochten sie, und die Freundinnen spielten gern mit ihr. Jonathan brachte sich

eigenwilliger ein, und es gab mit ihm mehr Streit. Er spielte oft allein, wenn seine Schwester nicht für ihn da war, oder ging zu den Erwachsenen. Hannah war also recht früh im Umgang mit anderen Kindern geübt. Bereits mit vierzehn Monaten ging sie mit Gideons Freundin Jessica allein zu ihr nach Hause.

Hannah gewann außerdem ein gleichaltriges Mädchen aus unserem Bekanntenkreis, Jana, zur Freundin. Mit Jana traf sie sich oft und entwickelte zu ihr eine enge Beziehung. Jana und Hannah orientierten sich zeitweise stark aneinander, und sie sind bis heute Freundinnen, wenngleich bei beiden andere Freundschaften dazukamen.

Jonathan wurde von Janas Mutter manchmal miteingeladen, aber eigentlich gehörte er bei dieser Freundschaft nicht dazu. Seinen ersten guten Freund fand er im Kindergarten. Robert ist ein Jahr älter, ein sehr phantasievoll spielender Junge, der für Jonathan sowohl in der Realität wie auch in der Phantasie wichtig wurde.

Hannah und Jonathan akzeptieren die jeweiligen engsten Freunde des anderen als deren Beziehungen. Häufig werden sie ohne Eifersüchteleien in das Spiel mit Freund oder Freundin einbezogen.

Hannah wird von einem sehr netten Jungen ihrer Gruppe gemocht. Wird Hannah von diesem Jungen eingeladen, darf Jonathan ihn wenige Tage später auch besuchen. Wenngleich die beiden Jungen gut miteinander spielen können, so ist dies mehr eine von den Erwachsenen gelenkte Beziehung. Jonathan spielt in dieser Freundschaft auch eine Rolle, eine Nebenrolle.

Anders als bei Geschwistern unterschiedlichen Alters ist es für die Eltern der Freunde von Hannah und Jonathan offenbar schwer, den «zweiten Teil» der Zwillingsgemeinschaft auszugrenzen. Das erlebten wir sehr deutlich bei der Geburtstagsfeier, als die Zwillinge vier Jahre wurden. Beide hatten Einladungskarten verschickt, zum Teil wurden die Kinder gemeinsam, zum Teil nur von einem Zwilling eingeladen. Was der Fall war, stand deutlich auf der Karte. Aber keine Familie hat es fertiggebracht, nur dem einladenden Kind ein Geschenk zu machen oder wenigstens durch unterschiedliche Größen der Geschenke zu berücksichtigen, von wem die Einladung ausging. Umgekehrt sind sie immer wieder versucht, unsere beiden gemeinsam einzuladen, ohne dabei die Intensität der Freundschaftsbeziehungen zu berücksichtigen.

Mit zunehmendem Alter werden sich vermutlich bei Hannah und Jonathan noch stärker die Freundschaften geschlechtsspezifisch orientieren und damit ausdifferenzieren. Hier wird hoffentlich unsere Zwillingskonstellation auch den Freunden und deren Eltern die Abgrenzung des von ihnen bevorzugten Zwillings gegenüber dem anderen leichter machen.

Unsere Zwillinge kommen in den Kindergarten

Für Hannah und Jonathan war der Kindergarten – wie für die meisten Kinder – der erste Schritt aus der Familie in eine größere Kindergruppe mit fremder Bezugsperson. Jetzt wurde auch das Problem der Ablösung für uns zum Thema: Wie können wir die Kinder loslassen?

Werden wir einen Zwilling gehen lassen können, dafür den anderen aber noch festhalten wollen? Wie können die Kinder sich von uns lösen? Wie wird sich ihre Zwillingsbeziehung verändern? Werden sie sich voneinander lösen, selbständiger und unabhängiger werden?

Warum Hannah und Jonathan in getrennte Gruppen sollten

Lange konnten wir uns nicht entscheiden, ob unsere Zwillinge nun in derselben oder in verschiedenen Gruppen im Kindergarten betreut werden sollten. Im Kopf war uns schon klar, daß Hannah und Jonathan selbständiger würden, wenn sie getrennt wären. Aber gefühlsmäßig wehrte ich mich dagegen: zu zweit konnten sie sich gegenseitig stützen und schützen, der Einstieg in den Kindergarten würde leichter gelingen. Zudem würden sie so nicht Gefahr laufen, durch die gleichzeitige Ablösung von den Eltern *und* vom Zwillingsgeschwister überfordert zu werden.

Wir überlegten folgendes: Im Spielkreis erlebten wir in manchen Konfliktsituationen, wie der andere Zwilling sofort aus der hintersten Ecke des Raumes eilte, um dem Geschwister beizustehen. Dabei reichte schon das plötzliche Auftauchen des anderen Zwillings aus, um den Konflikt zu beenden, das andere Kind fühlte sich dem Zusammenschluß der beiden unterlegen. Einerseits erlebte ich diese Situationen als tröstlich, waren sie doch nie allein und gemeinsam relativ stark. Andererseits würden sie auf die Art nie lernen, sich auseinanderzusetzen und dabei die eigene Kraft und Fähigkeit realistisch abzuschätzen und anzuwenden.

Hannah hatte sich ja schon vor dem Eintritt in den Kindergarten ein bißchen von Jonathan und auch von uns gelöst. Wir befürchteten nun, daß sie durch den noch unselbständigeren Bruder bei ihrem Selbständigwerden gebremst werden könnte, wenn der sich an sie klammern und für den sie sich dann bestimmt verantwortlich fühlen würde. Wir hielten es doch für besser, wenn beide bei dem Loslösungsprozeß ihren eigenen Rhythmus und ihr eigenes Tempo finden könnten.

Im Schutz des Kindergartens kann sich der Ablösungsprozeß allmählich vollziehen. Wird er hier positiv bewältigt, wird es in künftigen Situationen, zum Beispiel beim Schuleintritt, für beide leichter sein, getrennte Wege zu gehen. So waren unsere Gedanken.

Die Erinnerung daran, wie Jonathan bei Hannahs Krankenhausaufenthalt nach anfänglicher Trauer aufblühte und Initiativen zu entwickeln begann, bestärkte uns darin, ihnen im Kindergarten getrennte Erfahrungsmöglichkeiten zu bieten.

In den letzten Wochen vor dem Kindergarteneintritt waren Hannah und Jonathan fast ununterbrochen zusammen, was zu heftigen Konflikten führte. Wir dachten, daß diese sich bei einer Trennung für ein paar Stunden am Tag verringern würden. Wir vermuteten, daß dadurch die Zweisamkeit am Nachmittag eine neue Attraktivität gewinnen würde.

Sind Zwillinge in getrennten Gruppen, haben sie zum erstenmal in ihrem Leben die Möglichkeit, an ihrem Geburtstag allein im Mittelpunkt bei der Gruppenfeier zu stehen. Aber was noch viel wichtiger ist: sie erleben eine Bezugsperson, die sich nur auf einen Zwilling konzentriert.

Wir entschieden uns letztlich für die Lösung der getrennten Gruppen, weil wir glaubten, daß es leichter wäre, dies bei Bedarf rückgängig zu machen, als die Kinder zunächst zusammenzulassen, um sie dann zu trennen.

Hannah sollte mit ihrer Freundin Jana in eine Gruppe mit 20 drei- bis fünfjährigen Kindern. Jonathan hatte noch keinen Freund, müßte also allein in diese neue Situation gehen. Seine Gruppe, 14 drei- bis fünfjährige Kinder, waren in einem behaglichen kleinen Gruppenraum untergebracht. Wir waren uns noch nicht sicher, ob Jonathan zum selben Zeitpunkt wie Hannah den Übergang in den Kindergarten schaffen würde. Jonathan konnte sich Zeit lassen, wenn er es brauchte.

Hannah wollte unbedingt in den Kindergarten, Jonathan wollte auch. Wir wußten aber nicht, ob er sich ihrem Wunsch anschloß oder ob eigener Antrieb der Auslöser für sein Bestreben war.

Heute ist es in den Kindergärten wohl allgemein üblich, daß die Kinder die Möglichkeit haben, sich allmählich einzugewöhnen. Auch für Hannah und Jonathan folgte auf einen kurzen Besuchsvormittag vor der Sommerpause eine täglich sich steigernde Aufenthaltsdauer nach den Kindergartenferien. Hannah blieb vom ersten Augenblick mit ihrer Freundin gern, wollte eher später abgeholt werden. Auch wenn Jana nicht bleiben wollte oder gar nicht da war, war Hannah meist gern dort. Erst als Jonathan für sich den Übergang geschafft hatte und dabei war, sich zu einem selbstbewußteren Kindergartenkind zu entwickeln, begann Hannah – ich erzählte es schon – für einige Tage damit, nicht bleiben zu wollen, nur zögernd in die Gruppe zu gehen. Ich habe es allerdings nicht geschafft, ihr einmal nachzugeben und sie wieder mit nach Hause zu nehmen; Jonathan wäre zu diesem Zeitpunkt noch nicht allein im Kindergarten geblieben. Er benötigte vermutlich noch die Sicherheit, die ihm die Anwesenheit seiner Schwester im gleichen Gebäude brachte.

Jonathan ließ sich bei seiner Eingewöhnung Zeit und forderte uns dabei viel Geduld und Phantasie ab. Während er am ersten Tag mit Gideon und am zweiten Tag schon eine Weile allein in der Gruppe blieb, konnte Heinz an den beiden folgenden Tagen, an denen er die Kinder brachte, mit ihm eine Art Ritual einüben, indem er sich nach einer Weile von Jonathan wegschicken ließ. Ich wollte dieses Spiel übernehmen, aber statt daß er mich wegschickte, sollte ich ihn mitnehmen. Ich wußte danach, daß ein von Heinz und ihm ausgedachtes Spiel in deren Beziehung eingepaßt, nicht aber auf Jonathan und mich übertragbar ist.

In den folgenden Tagen wollte er nicht mehr in den Kindergarten, er begann schon nach dem Aufstehen zu weinen. Wir beschlossen daraufhin, daß er zu Hause bleiben konnte, aber unter der Bedingung, daß er sich allein beschäftigte. Wir wollten ihm diese Stunden zu Hause nicht besonders attraktiv machen. Zudem sollte er den Kontakt zur Erzieherin und zur Gruppe nicht verlieren.

Er begleitete also in den folgenden zwei bis drei Wochen Hannah jeden Morgen in den Kindergarten, begrüßte seine Gruppe und die Erzieherin und ging dann wieder mit nach Hause.

Am Ende des Kindergartenvormittags wiederholte sich das gleiche Ritual, er verabschiedete sich von seiner Gruppe. Mittags und morgens wurde er freundlich und lieb begrüßt, und in seiner Phantasie war er längst ein Kindergartenkind – so wie Hannah.

Die Wende brachte jener Sonntagmorgen, an dem er im Traum schrie: «Ich will nicht in den Kindergarten.» Als er dann aufwachte, kam die umgekehrte Reaktion: Er wollte unbedingt hin. Die bislang ablehnende Haltung schien durch die Traumarbeit überwunden zu sein. Es half alles nichts. Heinz mußte auf Jonathans Drängen an diesem Sonntagmorgen mit ihm zum Kindergarten, um ihm zu zeigen, daß das Haus geschlossen und keine Erzieherin und keine Kinder da sind. Von diesem Tag an begann er sich für den Kindergarten zu entscheiden. Wenn er morgens zu Hause beschloß, im Kindergarten bleiben zu wollen, wurde ein Rückzieher von uns nicht mehr hingenommen. Auch ein kurzer wütender Schrei mußte für ihn erfolglos bleiben. Er war dann den Vormittag über froh und kam mittags stolz als richtiges Kindergartenkind nach Hause. Seine allmähliche Eingewöhnung zeigte er, indem er in den ersten Tagen die Jacke anließ (er war eben noch nicht zu Hause), erst Tage später die Kindergartentoilette benutzte (vorher verzichtete er lieber auf den Tee und verlangte seiner Blase besondere Leistungen ab) und erst noch viel später sein mitgebrachtes Frühstück aß.

Für uns waren bei diesem Eingewöhnungsprozeß zwei Dinge wichtig:
– Es ist wohl allgemein so, daß Väter dem Kind besser helfen können, beim Übergang in den Kindergarten die Ablösung zu bewältigen, als die Mütter. Auf Grund der besonderen Beziehung, die Mutter und Kind zueinander haben, sind Probleme des Loslassens und Abgebens hier schwieriger zu bewältigen als in der Vater-Kind-Beziehung. Heinz konnte mit eindeutigem und konsequentem Verhalten Jonathan eine wichtige Orientierung sein, die ich dann übernahm.
– Hannah und Jonathan hätten derartig individuelle Eingewöhnungsrituale mit unterschiedlicher Prägung kaum gleichzeitig entwickeln können.

Mir wurde erst sehr viel später deutlich, daß Hannah zwar von Beginn an auch von sich aus in den Kindergarten wollte, aber zwischenzeitliche Rückzugswünsche kaum deutlich zeigen konnte. Sie «funktionierte», damit wir auf Jonathans «Eigenwilligkeiten» reagieren konnten. Sie wird vermutlich von uns noch immer zu schnell als die «Vernünftige» anders gefordert, vielleicht manchmal überfordert, bzw. sie hat gelernt, sich selbst zu überfordern, indem sie gewünschtes Verhalten zeigt.

Jonathan hat dagegen in unserer Familie noch immer mehr Freiraum, seinen Rhythmus deutlich zu zeigen und zu leben. Andererseits bekam Hannah viel Zuwendung und Anerkennung dadurch, daß sie etwa so schnell diesen Übergang für sich bewältigte. Ihre Selbständigkeit und ihr selbstbewußtes Gestalten eigener Wünsche und Ideen macht uns frei, wir genießen sie, während wir bei Jonathan immer wieder besonders gefordert werden. Das löst bei mir nicht nur Sorge, sondern auch Ärger aus.

Wie sich die morgendliche Trennung auf die Beziehung zwischen Hannah und Jonathan auswirkte

Eins fiel uns gleich deutlich auf: die Zwillinge stritten weniger, seit sie morgens für drei bis vier Stunden getrennt waren. Sie erzählten sich von dem, was sie erlebt hatten, sangen neue Lieder und überprüften dabei, ob es der andere auch gelernt hatte, oder sie wollten es dem anderen beibringen. Auch die durch den Kindergarten zunehmende Fähigkeit, intensiver und phantasievoller mit anderen Kindern zu spielen, wirkte sich offenbar positiv aus. Insgesamt haben wir die Zwillinge in einer entspannteren Beziehung zueinander erlebt. Einerseits haben sie jetzt Erlebnisse und machen Erfahrungen, die der andere nicht kennt. Andererseits kennen beide die Erzieher, Kinder und Räume – die Erlebniswelt des Zwillingsgeschwisters. Auf der Grundlage dieser Kenntnisse und einer ähnlichen Ausgangssituation finden Schilderungen des einen schnell das Verständnis des anderen. Aus der Distanz am Vormittag finden sie zu einer meist harmonischen Nähe am Nachmittag.

Wir hoffen, daß bei Hannah und Jonathan die Art ihrer Zwillingsbeziehung, die Abhängigkeiten und eingespielten Rituale aufgelockert werden durch die vielen neuen und intensiven Erfahrungen, die jeder von ihnen für sich allein mit der Kindergruppe gewinnt.

Bei Abfassung dieses Buches können wir ein Kindergartenjahr überblicken. In diesem konnten wir bei Hannah eine noch deutlichere Orientierung ihrer Spiele und ihres Verhaltens an den älteren Mädchen feststellen. Jonathan ist ein beliebter, froher, manchmal recht wilder Junge geworden, der allmählich noch mehr eigene Stärken und Vorlieben entdeckt. Aber er orientiert sich mit seinen Ideen und Wünschen noch immer stark an Hannah, wenn sie zusammen sind. So wären vor allem das Entdecken und Erwerben eigener Möglichkeiten in einer Gruppe mit Hannah wohl nur sehr schwer möglich gewesen.

Die Erzieherin ist der Anwalt eines Kindes

Jonathans Erzieherin sagte uns beim ersten Einzelgespräch nach wenigen Monaten Kindergartenerfahrung mit unserem Sohn: «Ich möchte Hannah gar nicht besser kennenlernen. Ich bin froh, daß ich mich auf Jonathan konzentrieren kann.»

Es erging Heinz und mir nämlich in diesem Gespräch wie so oft: wir konnten einfach nicht bei Jonathan verweilen, sondern brachten gleich wieder Hannah ins Gespräch, dies auch unter dem Aspekt des Vergleichens.

Die Erzieherin ist der Anwalt *eines* Kindes, sie konzentriert sich auf einen Zwilling, hat nicht das Problem wie wir, beiden gerecht werden zu wollen. Beide Erzieherinnen berichten jeweils ihre Beobachtungen mit einem Zwilling. Dabei helfen sie uns, die Erfahrungen mit dem einen Kind kennenzulernen, bei einem Kind zu verweilen. Vielleicht können wir davon lernen.

Kapitel 2

Zwillinge in der Familie – Eltern berichten

In diesem Kapitel kommen Eltern mit unterschiedlichen Zwillingspaaren zu Wort. Keines davon war zum Zeitpunkt der Gespräche im
Mai 1985 älter als fünf Jahre. Die Familien leben in sehr unterschiedlichen Situationen, und die Startchancen der Zwillinge unterscheiden
sich stark voneinander.

Die Eltern waren sehr engagiert an den Gesprächen beteiligt, wohl
auch deshalb, weil ein Erfahrungsaustausch mit anderen Zwillingsfamilien zu wenig möglich ist.

Mich interessierte bei den Gesprächen* vor allem:
- Wie erlebten sie die Neuigkeit, zwei Kinder auszutragen?
- Wie verliefen Schwangerschaft und Geburt?
- Welche Probleme und welche Hilfen hatten sie bei der Bewältigung
  des Alltags?
- Wie erleben sie die Zwillinge in ihrer Familie?
- Welches sind aus ihrer Erfahrung spezifische Erziehungsprobleme
  im Umgang mit ihren Zwillingen?
- Wie erleben ihre Zwillinge den Kontakt zu anderen Kindern?
- Gibt es Erfahrungen ihrer Zwillinge aus Spielkreis und/oder Kin-
  dergarten?

Im Verlauf der Gespräche stellte sich heraus, daß jede Familie eigene
Schwerpunkte setzte, ein eigenes Thema hatte. Und: Es wird deutlich,
wie sehr man sich als Zwillingseltern überfordern kann, wenn man versucht, die Zwillinge bewußt zu erziehen und individuell anzusprechen.

* Ausführlichere Informationen zu den Gesprächssituationen siehe Anhang 1

Alice und Kerstin. Oder: Eins und eins ist eins

Alice und Kerstin sind eineiige Zwillinge und zum Zeitpunkt des Gesprächs 22 Monate alt. Die Familie bewohnt eine Dreizimmerwohnung. Nach der Geburt der Zwillinge tauschten die Eltern ihren größeren Schlafraum gegen das Kinderzimmer, damit die Kinder mehr Raum zur Verfügung hatten.

Der Vater ist als Polizeibeamter im Schichtdienst tätig, die Mutter ist pharmazeutisch-technische Assistentin, zur Zeit Hausfrau. Er war bei der Geburt der Zwillinge 26 Jahre und sie 24 Jahre alt.

Wir bekommen Zwillinge

Die Mutter erinnert sich an ihre Reaktion auf das Ergebnis der Ultraschallaufnahme: «Als sie dann gesagt haben, daß es Zwillinge sind, das war ein ganz komisches Gefühl. Als ich raus bin aus der Praxis, habe ich gedacht, ich muß das irgendwie loswerden. Aber ich habe auch Angst gehabt. Ich habe zwei Tage gebraucht, bis ich das vollkommen verkraftet hatte. Ich hatte eine Freundin angerufen und es ihr erzählt. Sie sagte, daß ich von ihr Kleider haben könne. Und von da ab, als ich gemerkt habe, daß ich auch von Außenstehenden spontan Hilfe bekomme, da war's in Ordnung gewesen.»

Die künftigen Großeltern reagierten zunächst mit: «Um Gottes willen!» Und der Vater hatte vor der Ultraschallaufnahme noch im Spaß gesagt: «Na ja, wenn es Zwillinge werden, ist es auch nicht so schlimm!» Als er dann nach den Fotos fragte und seine Frau ihm ein zweites anbieten wollte, ist er doch erschrocken. Zwei Minuten war Totenstille, dann hat er gelacht. Er hat sich schnell damit abgefunden. Und dann kam die Panik: «Wir müssen ja das und das noch besorgen!»

Die Familie konnte viele gebrauchte Kleidungsstücke für die Zwillinge bekommen, aber bei den Kinderbetten zogen sie neue vor: «Jetzt kriegt man Zwillinge, da will man doch beides gleich haben. Das sieht ein bißchen blöd aus, wenn man das Zimmer mit zwei verschiedenen Bettchen einrichtet; da haben wir uns das eben neu gekauft.»

«Unsere Zwillinge sind gesund»

Alice und Kerstin kamen drei Wochen vor dem errechneten Geburtstermin zur Welt. Kerstin wog 2200 und Alice 2150 Gramm. Sie lagen eine Woche im Brutkasten und zwei Wochen im Wärmebettchen, wurden also im Alter von drei Wochen entlassen. Kerstin hatte mit der Saugglocke geholt werden müssen. Sie ist die Zweitgeborene. Die Mutter hatte zunächst Bedenken: ob nach der Saugglockengeburt nicht vielleicht ein Schaden zurückbleiben könne, ob sie vielleicht in ihrer Entwicklung etwas langsamer sein würde. Nach Einschätzung des Vaters war sie zunächst wirklich etwas zurück, holte diesen Rückstand aber ganz schnell auf. Dennoch werden dadurch die Bedenken der Mutter noch nicht ausgeräumt: «Da hatte ich immer ein bißchen Angst und sagte zu meinem Mann, daß wir mit ihr vielleicht mal Probleme bekommen.»

Alice und Kerstin sollten über längere Zeit weiter ärztlich betreut und ihre Entwicklung sollte krankengymnastisch unterstützt werden. Die Mutter empfand diese Betreuung als belastend. Ihre Kinder, die diese Gymnastik wegen angeblicher Fausthaltung beide benötigten, machten gute Fortschritte. Aber bei jeder Untersuchung wurde etwas anderes gefunden. «Irgendwann hat es uns gelangt. Andere, teilweise noch ältere Kinder, waren noch nicht so weit wie unsere. Dann sind wir einfach nicht mehr hingegangen. Sie waren damals neun Monate alt. Wir gehen nur noch zu den notwendigen Vorsorgeuntersuchungen.»

Der Mann hilft, wann immer er kann

Der Vater stellt zunächst fest: «In unserem Bekanntenkreis gibt es einige Eltern, die ungefähr zur gleichen Zeit wie wir ihre Kinder zur Welt brachten. Unter ihnen gibt es viele Ehepaare, die einfach mit ihrer Zeit nicht rumkommen, obwohl sie nur ein Kind geboren haben. Wir haben keine Probleme mit unseren. Wir schaffen das genauso wie mit einem Kind.»

Die Mutter bewältigte die an sie gestellten Anforderungen allein, wenn ihr Mann zur Arbeit war. «Also vor der ersten Nacht hatte ich wahnsinnige Angst», erinnert sie sich, «aber es ging eigentlich ganz gut. Eine mußte halt schreien.» Die Kinder waren durch den dreiwöchigen Klinikaufenthalt an feste, gleiche Uhrzeiten gewöhnt und hatten demzufolge gleichzeitig Hunger. Um die Zeit für den wartenden Säugling zu verkürzen, wurde diejenige zuerst gefüttert, die am besten trank. «Man ist dann kaum mit Ruhe bei dem einen, weil man das andere schon schreien hört. Ich habe dann Geschichten erzählt und gesungen, um mich zu beruhigen.»

Einkäufe machte sie nie allein mit den Zwillingen. Entweder konnte sie von ihrem Ehemann begleitet werden, oder sie ging, während er zu Hause die Kinder versorgte. «Man stößt auf manche Grenzen bei der Bewältigung der Alltagsarbeiten, wenn Zwillinge da sind. Schon in der Ortschaft spazierenzugehen, da sind die Bürgersteige viel zu schmal. Da muß man auf die Straße ausweichen. Es geht uns praktisch wie den Rollstuhlfahrern. Das fällt einem erst auf, wenn man mit dem Zwillingswagen irgendwo durchkutschieren muß.»

Wenn in Krankheitssituationen die Nächte gar so anstrengend wurden, haben sich die Eltern abgewechselt. Wenn er dann zwei Tage frei hatte, versorgte er nachts die Kinder, während seine Frau durchschlafen konnte.

Die Zwillinge wechseln regelmäßig ihre Rollen

Die Eltern versuchen, die Zwillinge zu beschreiben. Die Mutter: «Alice ist die Ältere. Ich würde sagen, sie ist ziemlich aufgeweckt und wißbegierig. Also wenn irgendwas ist, dann muß sie immer die Nase vorn haben. Alle beide. Also im großen und ganzen muß man sagen, daß sie beide gleich sind. Es ist mal eine die Dominierende und dann mal die andere. Das wechselt alle vier bis sechs Wochen. Die eine geht hin und verhaut die andere, nimmt ihr alles weg. Es war jetzt die ganze Zeit die Kerstin gewesen. Und da habe ich gedacht: Um Gottes willen, ist das Kind frech. Und jetzt merke ich, daß sie auf einmal diejenige ist, die im Moment fürchterlich zerkratzt aussieht, und sie kommt zu uns, weil Alice ihr was weggenommen hat.»

Der Vater kann bei beiden Eifersucht beobachten. Sitzt eine auf seinem Schoß, kommt die andere sofort und versucht, die Schwester zu verdrängen. Die Zwillinge streiten oftmals heftig miteinander, beißen und ziehen an den Haaren. Sie streiten sich um Dinge, die sie doppelt haben, etwa weil der eine Bär in der Kiste liegt und beide den anderen haben wollen; sie können andererseits aber auch ihre verschiedenen Puppen austauschen.

Wenn sie sich richtig anbrüllen, geht die Mutter dazwischen und mahnt, sich zu vertragen: «Wenn sie sich arg kratzen, schimpfe ich eben mit derjenigen, die auf die andere losgegangen ist. Irgendwie will ich sie nicht ganz gleich behandeln, aber man will sie auch nicht benachteiligen, also in der Beziehung finde ich das schwierig.»

Der Vater beschreibt eine Situation, in der eine die andere vorschiebt oder anstiftet, um es dann nicht gewesen zu sein: Alice spielt am Fernseher. Er verbietet es ihr. Da geht Kerstin hin und tut das gleiche. Er verbietet es auch ihr. Da nimmt Alice Kerstins Hand und macht mit deren Finger den Fernseher wieder an.

Der Vater: «Wenn ich eine beruflich hektische Woche hinter mir habe, kann es passieren, daß ich es noch so und so in Erinnerung habe, und dabei ist es schon wieder total anders. Da war dann gerade wieder ein Wechsel, den ich noch nicht mitbekommen habe.»

Ein Kind in zwei Personen?

Die Mutter: «Am Anfang war es meine Angst gewesen, sie auf alle Fälle gleich zu behandeln, daß nicht eine der Liebling wird und die andere nicht. Aber ich muß sagen, das ist mir nie passiert. Und auch wenn jetzt zum Beispiel halt eine eben mal ein bißchen aggressiver ist und dann jemand aus der Familie eine als ‹die Freche› oder ‹die Lustige› bezeichnet, gehe ich gleich dagegen und sage, daß sie beide gleich sind, damit nicht eine abgestempelt wird als frech, als lustig, als schlau. Ich möchte nicht, daß irgendeine abgestempelt wird als die Böse, die Laute, die Liebe, die Stille.»

Der Vater fühlte sich in der Anfangszeit mehr zu Alice hingezogen, ohne jetzt begründen zu können, woran das lag. Er beschreibt auch das Verhalten der beiden anderen Menschen, wie etwa den Großeltern, gegenüber als sehr unterschiedlich. Da verhält sich Alice nach seiner Wahrnehmung zurückhaltender: «Kerstin kaspert rum und weiß ganz genau, sie kann sich alles rausnehmen. Sie nutzt das voll aus. Sie weiß genau, daß sie alles machen kann. Wenn sie der Oma mal die Zunge rausstreckt, wird nur darüber gelacht, das weiß sie ganz genau.»

Wie kommt es, daß die beiden sich bei anderen verschieden verhalten?

Die Mutter: «Das kommt vielleicht daher, weil ich versuche, keine zu benachteiligen. Wenn zum Beispiel eine eine ruhigere und stillere Phase hat, habe ich Angst, darauf einzugehen, weil ich fürchte, sie dadurch dazu zu animieren, daß sie immer die Stille und Ruhige bleibt. Ich will keine benachteiligen. Oder wenn zum Beispiel die eine etwas aggressiver ist, daß ich dann sage: ‹Du gehst jetzt weg, du bist mir einfach zu böse im Moment, ich nehm jetzt deine Schwester.› Dann denke ich mir, vielleicht entsteht dadurch auch Eifersucht.»

Auch aus dem Spielkreis beschreibt sie unterschiedliches Verhalten von Kerstin und Alice. Während Alice bereits mit Kindern spielte, suchte Kerstin länger die Nähe der Mutter. «Die Kerstin ist auch jetzt so, wenn der eine Vater da vom Spielkreis die Kinder abholt, kommt sie brüllend auf mich zugerannt. Der Alice ist das zwar auch nicht so geheuer, aber sie stellt sich nicht so an wie Kerstin.» Beide wechseln aber ihre Rollen in gewissen Zeitabständen, wenn es darum geht, aktiver auf andere Kinder zuzugehen.

Am Ende des Gesprächs bemerkt der Vater: «Wenn ich mir das so überlege, ist es fast so, als hätten wir nur ein Kind erzogen. Wir reden immer von ‹den Zwillingen›. Sie sind fast wie eins.» Und seine Frau bestätigt das.

Getrennt trauern oder aufeinander fixiert bleiben?

Als Alice und Kerstin zum erstenmal getrennt wurden, weil ein Elternteil nur ein Kind mitgenommen hat, haben beide furchtbar geweint. In einer späteren Situation wurde Kerstin von ihrer zu Hause wartenden Schwester Alice mit Freudentränen begrüßt und sofort zum Spielen ins Zimmer geführt. Die Mutter hatte das Gefühl, Alice habe unter der Trennung gelitten.

Im Hinblick auf den Kindergarten überlegen die Eltern folgendes:

Die Mutter: «Aber dann denke ich mir, wenn wir sie jetzt mal in zwei getrennte Gruppen geben im Kindergarten, und sie setzen sich dann beide hin und trauern, daß das genauso schlimm ist, als wenn wir sagen, wir tun sie in eine Gruppe, sie hängen aneinander.»

Der Vater: «Ja, wann willst du sie aber dann auseinanderkriegen? Dann geht es in der Schule weiter. Irgendwann müssen sie getrennte Wege gehen. Spätestens wenn sie heiraten und mal Kinder kriegen. Spätestens in der Schule sind normale Geschwister getrennt. Also müßte man es bei Zwillingen doch genauso machen.»

Alice und Kerstin waren nur in der ersten Zeit gleich angezogen. Sie wurden später schon deshalb unterschiedlich gekleidet, damit andere sie auseinanderhalten konnten.

Zu Beginn der Sprachentwicklung hatten sie eine Privatsprache entwickelt, mit der sie sich untereinander verständigten, bei der aber die Eltern ausgeschlossen blieben. Sie wird jetzt zunehmend durch allgemein verständliche Wortbildungen abgelöst. Auch beginnen beide, ‹ich› und ‹wir› zu unterscheiden und sich mit dem richtigen Namen zu benennen.

Kindheitserfahrungen der Mutter

«Ich bin mit meiner Schwester fünfzehn Monate auseinander. Wir waren immer gleich angezogen und bekamen das Gleiche geschenkt. Wir haben zur gleichen Zeit geheiratet und Kinder bekommen und haben viel zusammen gemacht. Sie ist im letzten Jahr weggezogen. Ich fand das halt irgendwie schön, eine Schwester zu haben, mit der man etwas unternehmen kann. Wenn ich jetzt daran denke, daß ich versuche dafür zu sorgen, daß bei unseren beiden jedes für sich ist ... Na ja, vielleicht fänden sie es doch ganz schön, aber vielleicht können sie es ja auch unter sich ausmachen.»

Einige Überlegungen zu dem Bericht der Eltern von Alice und Kerstin

Kerstin und Alice sind eineiige Zwillinge. Die Identitätsfindung ist bei eineiigen Zwillingen das eigentliche Problem, der Prozeß, in dem sich das Kind zu einem einmaligen Wesen entwickelt.

Das «Doppelt-Sein» und die Altersgleichheit legen es nahe, sehr früh auf das Unterschiedliche in den Charakteren zu achten – schon deshalb, damit die Erwachsenen individuelle Beziehungen aufnehmen können. Bei dieser Familie erleben wir nun gerade bei der Zuschreibung bestimmter Eigenschaften zu *einem* Kind eine besondere Zurückhaltung. Dies aus der Sorge heraus, die Zwillinge in ihrer weiteren Entwicklung zu sehr festzulegen. Gleichzeitig laufen die Eltern dabei aber Gefahr, keine individuellen Eigenschaften zuzulassen.

Die Kinder sind gleich – so sehen es die Eltern. Dabei tut sich offenbar der Vater leichter als die Mutter, differenzierende Beschreibungen für die Kinder zu finden. Die Mutter ist um Gleichheit bemüht und immer auch darum, keine unterschiedlichen Gefühle zu Alice und Kerstin zu entwickeln. Sie beschreibt es damit, beide gleich gern zu haben.

Diese gewollte Betonung des Prinzips der Gleichheit wurde schon

74

in der Schwangerschaft – bevor sie wußten, welche Art von Zwillingen es sein würde – bei der Anschaffung gleicher Betten deutlich. Die eineiigen Zwillinge machen es den Eltern jetzt besonders schwer, von dieser Gleichheit abzurücken. Einmal, weil sich Kerstin und Alice zum Verwechseln ähnlich sehen, und zum andern, weil sie ihre Rollen und möglichen Zuschreibungen in fast regelmäßigem Turnus wechseln.

Ist dieser Rollenwechsel begründet in dem ständigen Konkurrieren um Zuwendung und Aufmerksamkeit? Die Übernahme der Rolle des braven Kindes sichert so jedem Kind für eine gewisse Zeit die besonders umsorgende positive Zuwendung. Oder ist in der Übernahme der negativen Rolle eher ein Versuch der Abgrenzung zu sehen, der von den Eltern aus Angst vor Benachteiligung eines Kindes nicht zugelassen wird?

Diese Gleichheit der Charaktere, die sich in Nebensätzen etwa in bezug auf Kontaktfreudigkeit zu anderen Kindern, Loslassen der Mutter etc. bereits differenziert, wird nur in bezug auf die Eltern aufrechterhalten. Beobachtungen der Zwillinge im Kontakt etwa zu den Großeltern zeigen, daß in diesen Beziehungen Alice und Kerstin Unterschiedlichkeiten konstant durchhalten, und auch die Großeltern scheuen sich nicht, beide differenziert zu beschreiben.

Die Ausgangsbedingungen nach der Geburt haben kein körperlich bedingtes Ungleichgewicht geschaffen, wie das sonst häufig gerade bei eineiigen Zwillingen der Fall ist. Häufig bleibt die aus diesem Unterschied resultierende Dominanz für lange Zeit prägend innerhalb der Paarbeziehung. Kerstin und Alice waren fast gleich schwer, die Saugglockengeburt hatte nur zu Beginn geringfügige Probleme für Kerstin gebracht, die schon nach wenigen Tagen nicht mehr zu beobachten waren.

Wichtig für das Verstehen des Wunsches nach Harmonie, Gleichheit und dem Verhindern von Eifersucht ist der Rückgriff auf die eigenen Kindheitserlebnisse, von denen die Mutter erzählt. Sie erlebte ihre eigene Beziehung zur Schwester in einem Quasi-Zwillingsverhältnis als angenehm, harmonisch und glücklich, was sie nun ihren Kindern auch ermöglichen will.

Der Vater hält es offenbar für sinnvoll und möglich, die heute noch sehr kleinen Kinder in Kindergarten und Schule getrennte Wege gehen zu lassen. Er denkt dabei an die langfristig notwendige Unabhängigkeit, die Alice und Kerstin voneinander erlangen sollten. Es ist wohl schwer auszumachen, wie sehr die Bürde der Verantwortung gerade Eltern mit eineiigen Zwillingen drückt, wenn sie sozusagen gegen den Zwillingsmythos bei ihren Kindern Individualisierungstendenzen erspüren und unterstützen und dabei auch noch die Paarbeziehung positiv beeinflussen wollen, die so sehr von Gleichheit, Harmonie und Intimität bestimmt ist.

Esther und Tobias:
Jeder für sich und doch eine besondere Intimität

Tobias und Esther sind ein Zwillingspaar und zum Zeitpunkt des Gesprächs 23 Monate alt. Ihre neunzehn Monate ältere Schwester heißt Myriam.

Die Familie bewohnt eine Fünfzimmerwohnung, die bereits bezogen wurde, bevor die Familie wußte, daß sie Zwillinge haben würde. Zu der Wohnung gehören ein Balkon und ein kleiner Garten.

Der Vater und die Mutter sind Sozialarbeiter, sie seit der Geburt der Zwillinge Hausfrau. Er war bei der Geburt der beiden 43 Jahre, sie 25 Jahre alt.

Reaktion auf die Neuigkeit: «Ich hätte Luftsprünge machen können»

Sie hatte vor der älteren Tochter Myriam eine Fehlgeburt. Sie hatte auch in dieser Schwangerschaft Angst, dies noch einmal erleben zu müssen. «Als ich dann hörte, es sind zwei, habe ich mich vom ersten Augenblick an sehr gefreut, ich hätte Luftsprünge machen können. Ich war so glücklich. Ich habe nicht einen Moment daran gedacht, daß das zuviel wird. Wir haben auch nie gesagt, wir wollen nur zwei Kinder.» Ihre Mutter dagegen dachte zunächst an die viele Arbeit. Auch die meisten Bekannten reagierten ähnlich.

Auf den Vater wirkten die Reaktionen der Mitmenschen schockie-

rend. In der ersten Zeit nach der Geburt wurde zwar immer wieder
festgestellt, wie niedlich die beiden seien, aber dann wurde gleich die
damit verbundene Unmenge an Arbeit als etwas Furchtbares be-
schworen.

Die werdende Zwillingsmutter suchte Rat in Zeitschriften, fand
aber wenig Anregungen, vor allem war auch hier von Stress und
furchtbar viel Arbeit die Rede. Irgendwann hat sie aufgehört, diese
Artikel zu lesen: «Ich meine, das stimmt ja auch, was die da geschrie-
ben haben. Wenn unsere jetzt zum Beispiel losziehen auf Entdek-
kungsreise – sie stiften sich gegenseitig zu allem möglichen an. Dann
ist der Stress natürlich doppelt. Ja, manches Mal kann man sagen, es
ist dreimal so viel wie bei einem Kind. Nur, das so negativ zu sehen,
das ist Quatsch. Selbst wenn sie dauernd was anstellen, möchte ich das
nicht missen.»

Wegen vorzeitiger Wehen mußte die Mutter vier Wochen vor dem Termin in die Klinik, und vierzehn Tage später wurden die beiden gesunden Kinder geboren. Tobias wog 6,5 und Esther sieben Pfund. Beide konnten von Beginn an gestillt werden. Besondere Nachsorgemaßnahmen waren nicht notwendig.

Einige Zeit nach der Geburt mußte Esther wegen einer Tränenkanalverstopfung in die Klinik. Sie war noch sehr klein. Der behandelnde Arzt fragte als erstes, ob Esther behindert sei. Es sähe so aus, die Stirn sei so weit vor. Er wußte, daß Esther ein Zwilling ist. Der Kinderarzt meinte später, es sei völlig normal, daß die Köpfe bei Zwillingen zunächst etwas verbildet seien. Die Kinder waren groß und schwer und hatten demnach im Mutterleib wenig Platz. Solche leichten Deformationen normalisieren sich im Laufe der Zeit.

Alltag mit guten Helfern

Wie bei der älteren Tochter wollte die Mutter auch diesmal nicht auf das *Stillen* verzichten. Sie erlebte kampagneähnliche Warnungen der eigenen Mutter, Großmutter und von Zwillingsmüttern auf der Straße vor zu viel Stress, zu großer Schwächung des eigenen Körpers.

«Aber ich habe mir gesagt, das muß gehen. Und es ging.» Sie stillte insgesamt neun Monate, davon drei Monate voll. Abends bekamen die Zwillinge bald die Flasche: «Abends haben alle Kinder gebrüllt. Die Zwillinge vor Hunger und Myriam vor Müdigkeit, also ging das abends nicht mehr mit dem Stillen. Ich hatte einfach nicht die Ruhe, die dafür notwendig gewesen wäre. Aber es hatte sich dann ganz gut eingependelt, daß ich zwei Mahlzeiten am Tag weiter gestillt habe.»

Der *Essensrhythmus* in der Nacht war bei Esther und Tobias in den ersten sechs bis acht Wochen zweistündig, und das abwechselnd. Das heißt, sie mußte nachts jede Stunde ein Kind stillen. Dann pendelten sie sich auf gemeinsame Zeiten ein. Später wurden die Zwillinge in den Liegewippen gefüttert. «Ich habe mich vor die beiden gestellt, so ein bißchen mit ihnen rumgeschmust und dann jedem die Flasche gegeben. Später haben sie diese dann selbst gehalten, oder Myriam hat ein bißchen geholfen.»

Unterstützung erfuhr die Familie vor allem durch ihre Mutter, die in der Nähe wohnt und am Anfang sehr häufig da war. Zudem kam von Beginn an eine Tante des Vaters zwei- bis dreimal in der Woche. Sie beschäftigte sich mit den Kindern. Die junge Mutter konnte in dieser Zeit entweder Hausarbeit erledigen, einkaufen oder etwas für sich tun.

Zu den Einkäufen meint sie: «Mit beiden pack ich das einfach nicht mehr. Es ist tatsächlich so. Tobias rennt grundsätzlich nach hinten und Esther nach vorn. Einen nehme ich gern mit. So erleben die Zwillinge einzeln auch, wie das mit dem Einkaufen ist. Aber mit zweien?»

Die große Schwester

Die Eltern haben die Situation mit Myriam nach der Geburt der Zwillinge sehr positiv erlebt: «Sie hat schnell vergessen, daß sie mal allein war. Sie hat auch keinerlei Eifersucht gezeigt. Jetzt merken wir aber schon ab und an, daß sie auch auf den Arm will und nicht immer nur die Kleinen.»

Für Myriam war es zunächst nicht so recht zu begreifen, weshalb andere Familien nur ein Baby haben. Sie fragte dann immer, wo denn das andere Baby sei. Myriam war bei der Geburt der Zwillinge neunzehn Monate alt.

Heute ist es wichtig, daß einer der Eltern etwas mit ihr allein macht. Sie glauben, daß Myriam durch die Zwillinge viel weggenommen wird, denn diese beanspruchen meist die volle Aufmerksamkeit der Mutter. Der Vater: «Aber Myriam lebt in dem Bewußtsein: meine Mami, und die hat Zwillinge.»

Veränderungen in der Paarbeziehung –
oder: Wenn Zuschreibungen plötzlich nicht mehr stimmen

Die Mutter erinnert sich:

«Zuerst war Esther immer mehr die Zurückhaltende und Tobias derjenige, der offen auf alles losging und dann immer als Reaktion erfuhr: ‹Ach, ist der lieb, und ist der goldig.› Dann schäkerte er mit allen. Esther war behäbig, saß rum, guckte sehr viel, nahm alles vom Intellekt her auf, aber tat sehr wenig. Tobias war also derjenige, der ständig aktiv war und auch alles zuerst konnte. Und dann schlug das um! Da hatten wir also schon unsere feste Meinung von den Zwillingen. Als sie ein Jahr alt waren, merkten wir plötzlich, daß wir sie falsch eingeschätzt hatten. Esther konnte genausoviel wie Tobias. Sie hat es nur nicht gemacht. Beim Laufen war es am deutlichsten. Tobias hat geübt und geübt. Und plötzlich stand Esther auf und lief los. Sie lief vor ihm her, und er lief ganz unsicher hinterher. Also sie konnte das wesentlich besser und hatte es gar nicht soviel geübt. Das war oft so, vor allem bei motorischen Dingen, bei denen wir immer dachten, Tobias sei vorn. Es hat sich hinterher rausgestellt, daß Esther sich das trotz allem angeeignet hatte.»

Tobias litt, als er eineinhalb war, drei Wochen an hohem Fieber mit anschließender Angina. Danach wurde er scheu, auch anderen gegenüber, auf die er früher zugelaufen wäre. Esther wurde die Kesse, die auf andere zugeht. Seit dieser Krankheit ist Esther für Tobias eingesprungen. Früher war sie diejenige gewesen, die wegen Tobias' Wildheiten bedauert wurde, weil er sie haute und ihr alles wegnahm.

Strategien im Streit

Die Mutter: «Esther wurde immer bedauert, wenn Tobias nur darauf aus war, ihr die Spielsachen wegzunehmen und ihr auf den Kopf zu hauen. Bis wir halt gemerkt haben, daß Esther sich wehrt und allein wehren kann, wenn man sie läßt. Sie hatte nur gelernt loszubrüllen wie am Spieß, dann kam irgend jemand herbeigestürzt, hat sie bedauert und Tobias getadelt. Da brauchte sie ja nichts mehr zu machen.

Dann haben wir sie mal gelassen.

Als sie das merkte, fing sie an und haute ihm genau das Lego wieder auf den Kopf, und inzwischen ist es ein sehr ausgeglichenes Kräfteverhältnis. Darüber bin ich sehr froh. Es gibt zwar immer mal einen, der mehr einstecken muß, aber das ändert sich dann auch wieder. Wenn sie sich streiten, dann geht es meistens um ein Spielzeug. Der eine spielt damit, und der andere will es haben. Entweder nutzt dann Esther ihre Wendigkeit und ärgert Tobias furchtbar damit, daß sie mit diesem Spielzeug vor ihm rumsaust und er nicht so schnell hinterherkommt. Oder Tobias reißt es ihr weg, und Esther kann sich in dem Moment nicht wehren, so daß sie dann furchtbar brüllt.»

Typisch Junge, typisch Mädchen?

«Ja, sie sind sehr typisch. Ich wehre mich so wahnsinnig dagegen, weil ich gesagt habe: ‹Das wird jetzt mal ein Beispiel werden, bei dem man sieht, daß das alles reine Erziehungssache ist.› Aber es sind wirklich viele Verhaltensweisen sehr typisch Junge und typisch Mädchen. Tobias macht wirklich die waghalsigsten Sachen, bei denen mir schlecht wird, wenn ich das nur sehe. Dann erntet er immer von erfahrenen Müttern: ‹Ach, typisch Junge.› Das merkt er, und da wird er nie anders. Er wird schon im Ansatz verstärkt.»

Andererseits lernte Tobias über seine Zwillingsschwester das eher mädchenbezogene Spiel mit den Puppen, für das er zunächst kein Interesse zeigte. Inzwischen spielt er gern damit.

Jeder für sich und doch eine besondere Intimität

Tobias und Esther, die beide zur Zeit des Gesprächs noch wenig sprachen, verfügten zu diesem Zeitpunkt aber offenbar über Verständigungsmöglichkeiten, die den Eltern nicht zugänglich waren. Wenn zum Beispiel Tobias Esther zum Essen rufen sollte und sie auch tatsächlich mitkam, wußte niemand, wie er ihr das mitgeteilt hatte. Wie er sich verständlich machte, konnten die Eltern nicht begreifen. Tobias und Esther hatten offenbar innerhalb ihrer Zweierbeziehung Kommunikationsmuster entwickelt, die Außenstehende nicht nachvollziehen konnten.

Die Zuordnung der Namen schien zum Zeitpunkt unseres Gespräches für beide noch etwas schwierig zu sein. Während Esther wohl sehr früh «ich» sagte, bezeichneten sie sich beide als «Bias». Und hier schien eine Wiederholung dessen zu geschehen, was das Ehepaar nach der Geburt der Zwillinge mit der damals fast zweijährigen Tochter Myriam erlebte. Obwohl Myriam damals sprachlich bereits sehr weit war und die Namen der Zwillinge durchaus hätte lernen und sprechen können, sprach sie von «Tobias» und vom «anderen Tobias».

Gleiche Kleidung, die ihnen anfangs geschenkt wurde, lenkte die Bewunderung auf den Tatbestand «Zwillinge» und schenkte auch den Eltern Anerkennung für die besondere Aufgabe. Tobias und Esther werden heute unterschiedlich gekleidet, nachdem es wegen gleicher Schuhe zwischen beiden ständig darüber Streit gab, wem nun welche Schuhe gehörten.

Seit einiger Zeit übernachtet mittwochs abwechselnd einer der Zwillinge bei der Oma. Dies einmal, damit dieses Kind einen Erwachsenen für sich hat und lernt, ohne den anderen Zwilling zu sein. Andererseits genießt es das Ehepaar an diesem Abend und folgenden Morgen, nur zwei Kinder betreuen zu müssen.

Thema Kindergarten: Es ist schon jetzt eindeutig, daß Tobias und Esther in getrennte Gruppen gehen werden. In diesem Kindergarten werden Geschwister grundsätzlich getrennt. Die Eltern finden das aber auch gut, «damit sie unterschiedliche Beziehungen aufnehmen und Erfahrungen machen können». Sie seien ja sonst den ganzen Tag zusammen.

In dem privat organisierten Spielkreis sei schon heute deutlich, daß Tobias und Esther ihre Spielpartner nicht immer gemeinsam wählen.

Einige Überlegungen zu dem Bericht der Familie

Die Situation der Familie erscheint unkompliziert. Die Kinder waren von Anfang an gesund, zusätzliche medizinische Betreuung war nicht notwendig. Die Familie hat genügend Wohnräume für alle, Unterstützung durch Verwandte ist ausreichend gegeben. Der Vater packt am Wochenende und abends mit an. Die Mutter macht einen sehr vitalen Eindruck.

Nur unter diesen positiven Vorzeichen ist auch die mir vermittelte uneingeschränkte Freude, die vom ersten Augenblick an herrschte, erklärbar.

Ähnlich, wie wir es in unserer Familie beschrieben haben, gab es hier auf Grund einer Krankheit des dominierenden Zwillings einen Wechsel in der Rollenverteilung, der zunächst zur Irritation des vorher aktiven Kindes führte. Tobias wurde scheu. Solche Situationen stellen vermutlich Belastungen und Krisen innerhalb der Paarbeziehung dar.

Die Mutter beschreibt sehr anschaulich, wie ihr anfängliches Bild über die beiden eigentlich gar nicht (mehr) stimmt. Die zunächst gegensätzlichen Zuschreibungen müssen zunehmend korrigiert und differenziert werden.

Tobias war seiner Schwester gar nicht so weit voraus. Sie war einfach anders. Sie hat sich offenbar Fähigkeiten anders angeeignet als ihr Bruder. Indem die Kinder so verschieden wahrgenommen werden, ist es den Eltern leichter, eine individuelle Beziehung zu jedem Zwilling aufzunehmen. Wichtig scheint es zu sein, daß die Eltern ihre Wahrnehmungen und Zuschreibungen korrigieren können. Damit haben auch die Kinder mehr Freiraum, ihre Beziehung zueinander innerhalb des Paares immer wieder neu zu gestalten und zu definieren.

Pärchenzwillinge bieten durch geschlechtsspezifische Orientierungen sich selbst und der Umwelt die Möglichkeit der Abgrenzung und Individualisierung. Obwohl die Mutter es «nicht wollte», sind Merkmale typischen Jungenverhaltens bei Tobias durch die Umwelt unterstützt oder zumindest positiv anerkannt worden. Dies sicher nicht nur durch die von ihr genannten erfahreneren Mütter. Ich vermute, daß die Eltern es gern sehen, wenn sich der einzige Junge von den beiden Mädchen mit eher für ihn typischen Verhaltensweisen absetzt. Durch die große Nähe zur Zwillingsschwester erhält er allerdings auch den Zugang zu eher femininen Spielinhalten.

Die stundenweise Trennung der Zwillinge erhält bei dieser Familie neben dem Ziel der Individualisierung eine weitere Dimension, die auch in unserer Familie genannt wurde: die Kinder sollen auch Erfahrungen und Erlebnisse in und mit der Umwelt machen können, wie sie es als Einzelkind erleben würden (zum Beispiel den Einkauf, Begleiten der größeren Schwester in den Kindergarten).

Was hat Myriam ausdrücken wollen, als sie in der ersten Zeit ihre Geschwister als «Tobias» und «der andere Tobias» benannte? Es war für sie vermutlich ähnlich schwierig wie für Erwachsene, zu den beiden Kindern gleichzeitig je individuelle Beziehungen aufzunehmen. So wie Erwachsene einen Zwilling verdoppeln und damit beide zu erfassen versuchen, hat Myriam die für sie anfängliche Einheit der beiden mit dem gleichen Namen ausgedrückt.

Mit zunehmendem Alter werden sich die Beziehungen der größeren Schwester zu Tobias und Esther und umgekehrt ausdifferenzieren. Wechselnde Koalitionen bringen dadurch zusätzlich mehr Offenheit in die Paarbeziehung, weil Offenheit in dieser Familie wohl grundsätzlich möglich ist.

Victoria und Frederic: Ein Wunder, daß sie leben

Victoria und Frederic sind Zwillinge und zum Zeitpunkt des Gesprächs vier Jahre alt. Die Familie bewohnt eine offenbar sehr hellhörige 2½-Zimmer-Wohnung. Elternschlafzimmer und Kinderzimmer wurden zugunsten von mehr Geräumigkeit für die Zwillinge gewechselt.

Der Vater ist Bilanzbuchhalter. Er lebt mit einem amputierten Bein. Die Mutter ist Ungarin und hat in ihrer Heimat ein Handwerk gelernt, das es bei uns wohl nicht mehr gibt, das Entwerfen und Herstellen von Mustern auf Tapetenwalzen. Sie ist seit der Geburt der Zwillinge Hausfrau. Zum Zeitpunkt der Geburt war er 35 Jahre und sie 31 Jahre alt.

Auf Zwillinge vorbereitet

Die Mutter war überglücklich, als sie erfuhr, daß sie Zwillinge austrägt. Nachdem sie schon eine Zwillingsfehlgeburt hinter sich hatte,

schöpfte sie nun die Hoffnung, bald zwei Kinder zu haben. In ihrer Familie gibt es auffällig häufig Zwillinge, dennoch glaubt sie, daß vor allem Hormontabletten der Auslöser für diese Zwillingsschwangerschaft waren. Wegen der Gefahr von Blutungen mußte sie während der Schwangerschaft dreizehn Wochen liegen.

Er erinnert sich an seine Reaktion auf die Neuigkeit: «Ich habe es mit einem weinenden und einem lachenden Auge zur Kenntnis genommen, daß ich Zwillingsvater werde. Das lachende Auge deshalb, weil meine Frau mir immer Zwillinge versprochen hat, nachdem wir ja auch beinahe zehn Jahre auf Kinder gewartet hatten. Das weinende Auge, weil ich wußte, daß ich mit schwereren körperlichen Arbeiten nicht belastet werden kann. Ich habe mir gedacht: Um Gottes willen! Wie schaffen wir das?»

Während der ohnehin belastenden Schwangerschaft mußte sie gegen Ängste auf Grund schrecklicher Nachrichten aus der Nachbarschaft ankämpfen: «Zum Beispiel meine Nachbarin. Sie hatte Zwillinge. Die Tochter lebt, der Junge ist tot geboren. Eine Frau im dritten Stock hat sieben Monate ihre zwei Mädchen ausgetragen, sie sind

85

beide tot geboren. Aber ich habe gesagt: Vielleicht bist du die Glückliche, die es schafft.»

Es ist ein Wunder, daß sie leben

Am Ende der 27. Schwangerschaftswoche wurden Victoria und Frederic durch einen Kaiserschnitt geboren. Victoria wog bei der Geburt 900, Frederic 950 Gramm. Der Vater: «Frederic wurde nach der Geburt in den Inkubator gelegt. Er hatte das Format eines halben Hähnchens. Er hatte diese Fötusstellung, war in Alu-Folie eingewickelt. Ein paar Minuten später kam die Kinderärztin mit Victoria. Sie mußte mit einem Blasebalg beatmet werden. Die Ärzte sagten uns klipp und klar, daß es beide mit absoluter Sicherheit nicht schaffen werden. Jeder für sich, einzeln betrachtet, habe eine Chance von 30 Prozent.

Nach vielen Monaten noch war die Klinik stolz, die beiden durchgebracht zu haben. Der leitende Professor der Kinderklinik nannte es einen einmaligen Glücksfall, daß es beide geschafft haben.

Victoria blieb 3½ Monate in der Klinik, Frederic fast vier Monate. Es war ein langes Bangen um die Kinder. Die Mutter dazu: «Einmal rief eine Schwester aus der Klinik an, der Frederic hat eine Blutung in der Lunge. Da habe ich Angst gehabt, daß er stirbt. Sonst habe ich fest daran geglaubt, daß meine Kinder durchkommen.»

Das Ehepaar telefonierte jeden Morgen mit der Klinik, und am Abend besuchten sie die Kinder. Im Alter von 2½ Monaten durften sie beide zum erstenmal in den Arm nehmen. Der eigentliche Kontakt zu den Zwillingen wurde nach ihrer Einschätzung aufgebaut, als die Kinder zu Hause waren. Während der ersten drei Monate nach der Geburt, also der Zeit, in der sie noch in der Klinik waren, gab es immer wieder Rückschläge in der Entwicklung. Beide mußten bei einem Rückfall mit Atemstillstand wieder beatmet werden. Insgesamt war Victoria etwas leichter, aber stabiler. Sie wurde eine Woche vor Frederic entlassen.

Das Ehepaar hatte jetzt zu Hause nicht nur die neue Elternrolle mit gleich zwei Kindern auszufüllen, sondern sie waren zugleich auch noch Krankenschwester und Pfleger. Jedes Kind wurde sechs- bis achtmal täglich, und das zu verschiedenen Zeiten, gefüttert. Dabei mußte Frederic sein Essen auf ganz bestimmte Weise bekommen, damit er nicht zu heftig trinken konnte, zu viel Luft mit einatmete und blau anlief. Geschah dies doch, mußte er auf den Kopf gestellt werden. Die Eltern fragten den Kinderarzt um Erlaubnis, bei den Nachtmahlzeiten das zweite Kind wecken zu dürfen, um die eigene Kraft nicht zu sehr zu überfordern.

Der Kinderarzt war für die Familie während der ersten Zeit eine wichtige Unterstützung. Schon wegen eines Schnupfens kam er ins Haus. Das Ehepaar konfrontierte ihn mit allen Fragen, die im Zusammenhang mit den Zwillingen auftraten. Der Professor der Kinderklinik und der Kinderarzt waren medizinische Betreuer und Erziehungsberater zugleich.

In den ersten Wochen war ihre Mutter zur Unterstützung da. Sie sorgte für eine warme Mahlzeit für die Erwachsenen und hielt die Wohnung sauber.

Wegen der Kinder mußten bestimmte Vorsichtsmaßnahmen eingehalten, zum Beispiel die Luftfeuchtigkeit kontrolliert und Mundschutz getragen werden. Nach kurzer Zeit mußten beide Zwillinge noch einmal ins Krankenhaus, Frederic blieb länger dort als Victoria.

Als Folge der totalen Beanspruchung durch die noch immer besonders gefährdeten Kinder verlor der Vater die Aufstiegschancen in seinem Beruf. Er benötigte mehr Kraft und Zeit für die Familie als früher, wofür die Firma kein Verständnis aufbrachte. «Das war natürlich bitter für mich, aber meine Familie geht vor.»

Das Ehepaar besorgte sich bald ein drahtloses Haustelefon, das man einfach in die Steckdose steckt. Danach war es nicht mehr nötig, daß ein Erwachsener im Kinderzimmer schlief.

Sie versuchten auch konsequent, selbstgesetzte Grenzen einzuhalten. Die Mutter: «Wenn ein Kind nachts weinte, sind wir hingegangen, haben festgestellt, daß diese Quengelei im Traum war, oder es war etwas in der Hose. Wir haben das Kind saubergemacht, gestreichelt, zurückgelegt, oder es hat etwas zu trinken bekommen, und raus aus dem Zimmer, Tür zu.»

Nur sonntags morgens dürfen Victoria und Frederic in das Ehebett. Sie begründet dies so: «Ich habe immer Angst davor gehabt. Wenn einer in unser Bett darf, ist der andere sofort auch da. Zum Schluß bin ich mit meinen Kindern im Ehebett, und mein Mann schläft im Wohnzimmer oder im Kinderzimmer. Dann ist dieses bißchen Gemeinsamkeit, das ohnehin auf die Nacht reduziert ist, auch noch verloren. Also, dann wären wir nur noch für die Kinder da.»

Wochentags mußte die Mutter die Spaziergänge mit den Kindern in der Regel allein machen. Als die Kinder laufen konnten und aus dem Wagen durften, wurde auch diese Situation oft zum Stress. «Einmal, während ich mich um Victoria kümmerte, weil sie hingefallen war, ist Frederic weggelaufen und im Februar bei größter Kälte in den Bach gefallen. Die Leute haben um uns herumgestanden und zugeschaut, wie ich mich abgequält habe. Mein Glück war, daß meine Nachbarin kam und mir half.» Hin und wieder waren hilfreiche Nachbarn da, die für sie einkauften oder die Kinder zum Spaziergang mitnahmen.

Die Mutter: «Was ich noch ansprechen wollte, was ich schwierig finde bei Zwillingen: Bis zu einem bestimmten Alter kann man bei keinem der beiden an die Vernunft appellieren. Immer kommt der Druck doppelt, alles gleich. Das wird einem von anderen Eltern oft nicht abgenommen. Okay, bei einem Pärchen ist die Entwicklung oft um sechs Monate verschoben, weil die Mädchen sich schneller entwickeln. Aber bei anderen Familien sind die Geschwister ein Jahr und mehr auseinander. Das ist ein großer Unterschied.»

Heute sind die Kinder bereits fast ein Jahr in einem Kindergarten der Lebenshilfe, in einer integrativen Gruppe. Der Kinderarzt riet der Familie zu diesem Schritt, der vor allem für Frederic wichtig war, weil hier intensive Förderung geboten wird. Das Ehepaar suchte damals Entlastung vor allem für die Mutter. Der Kindergarten mit seiner guten personellen Besetzung bot da für Frederic und Victoria eine gute Perspektive. Ein Regelkindergarten wäre zum damaligen Zeitpunkt eine Überforderung für die Kinder gewesen. Heute denkt sie, daß Victoria dort zu wenig Förderung bekommt, weil die körper- und geistesbehinderten Kinder zuviel Kraft des Personals auf sich ziehen. Frederic dagegen hat große Entwicklungsfortschritte in dieser

Gruppe gemacht. Die beiden sollen in einem Jahr in einen Regelkindergarten wechseln.

Die Eltern freuen sich über die besondere Nähe der beiden zueinander

Die Bettchen der Zwillinge standen von Beginn an dicht nebeneinander. Die Kinder hielten sich oft an den Händen. War es Zufall? «Es war ein Bild für die Götter.»

Die Zwillinge waren gerade sechs Monate alt, als Frederic seine Schwester wegen eines erneuten Krankenhausaufenthalts allein ließ. Die Eltern glauben, daß sie nach ihm weinte: «Sie hat dabei ganz traurig ‹Bu Bu› gesagt. Als er dann endlich zurückkam, war sie ruhig. Solche Töne hat sie nie mehr von sich gegeben.»

Noch heute im Alter von vier sind die beiden nie voneinander getrennt. Vater oder Mutter gehen nicht mit einem Kind allein einkaufen oder zum Spielplatz. «Ich könnte den Kindern kaum klarmachen, daß nur einer geht. Sie wären traurig», so die Mutter, «einer akzeptiert nicht, daß nur der andere geht.»

Was wird, wenn Frederic später erst ein Jahr nach Victoria eingeschult werden kann? Sie meinte spontan, dann müsse Victoria ihrem Bruder zuliebe auch noch ein Jahr warten. – Aber bis dahin ist noch etwas Zeit!

Das Mädchen vorwitzig – der Junge das Sorgenkind

Der Vater beschreibt Frederic als ruhiges, ab und an aber jähzorniges Kind, während Victoria eher «hibbelig» ist. «Damals schon, im Brutkasten, hat sich der Charakter der beiden abgezeichnet. Uns wurden sie auch ziemlich plastisch und eindeutig vom Arzt beschrieben. Er hat wahrscheinlich die Kinder stundenlang beobachtet.» Schon damals wurden ihnen Frederic als ruhiger Typ und Victoria als «hibbeliges» Kind charakterisiert.

Insgesamt hatte Victoria einen günstigeren Entwicklungsverlauf als Frederic. Die Eltern führen das auf seine längeren Krankenhausaufenthalte zurück. Er ließ sich anfangs zu keinem Spiel motivieren, während Victoria sofort mitmachen wollte. Er sagt noch heute sehr schnell «ich kann es nicht», wenn er sich einer Anforderung gegenüber sieht.

Neben der krankengymnastischen Betreuung für beide wurde Frederic zusätzlich heilgymnastisch behandelt. Er hatte deutliche Entwicklungsverzögerungen und konnte manches nicht, was man normalerweise von einem Baby seines Alters erwarten kann (auch wenn man die dreizehn Wochen der zu frühen Geburt zurückzählt) und was Victoria schon lange beherrschte.

Frederic ist das Sorgenkind geblieben, und was immer bei ihm anders ist, wird zunächst mit seinem Werdegang erklärt, und es wird die Befürchtung einer organischen Ursache geäußert. Der Vater: «Der kleine Kerl hatte bei mir monatelang die Angst ausgelöst, daß er ein geistig behindertes Kind sein könnte. Aber als ich gesehen habe, welch wache Intelligenz er entwickelt, wenn er etwa den Kassettenrecorder oder den Fernseher fachgerecht bedient – das hat mich beruhigt.» Offenbar gibt es aber Dinge, die Frederic nicht begreift – zum Beispiel am Gehsteig stehenzubleiben und nicht allein auf die Straße zu gehen. Auch fällt es ihm schwer, die Farben der Ampel zu lernen. «Frederic sagt, die Ampel sei blau. Auch kann man ihm tausendmal erklären, daß die Feuerwehr rot ist, bei ihm ist sie blau. Aber ein rotes Auto ist für ihn auch ‹Feuerwehrauto›. Also, er erkennt die Farben schon. Ich dachte erst, er sei farbenblind. Man hat halt immer Angst, daß organische Ursachen vorliegen.»

Victoria wird vom Vater als altkluges und vorwitziges Mädchen beschrieben, das sich lieber mit Erwachsenen als mit Kindern beschäftigt: «Victoria ist auch schneller. Sie hat Dinge schon zweimal gemacht, bevor Frederic die Sache gedanklich zu Ende gebracht hat. Damit ist sie immer im Vorteil, und Frederic bekommt überhaupt keine Chance, das zu üben.»

Andererseits kann Frederic unkomplizierter mit Kindern Kontakte aufnehmen und – so in Ungarn – nonverbal glücklich mit den anderen spielen. Victoria, die in dieser Zeit bei ihren erwachsenen Kontaktpersonen ist, spürt, wie diese Frederics Verhalten anerkennend bewundern, und reagiert besonders «zickig», um die Aufmerksamkeit der Erwachsenen wieder auf sich zu lenken.

Frederic und Victoria können gut teilen. Die Eltern beobachten dies im Vergleich zu einzeln geborenen Kindern als besondere Stärke von Zwillingen.

Die Chancen der Tochter?

Der Vater: «Sie ist so empfänglich für Zärtlichkeiten. Das bestätigt mich natürlich in meiner Väterlichkeit und auch in meiner Männlichkeit.» Und später ergänzt er zu diesem Thema: «Victoria behauptet sich in der Beziehung zu Erwachsenen. Wenn sie mal einen Schoß erobert hat, dann bleibt sie sitzen. Dann kämpft sie mit Krallen und Schreien und Beißen um ihr Privileg, und Frederic resigniert.» Victoria hatte auch sofort die Sympathien der Großmütter auf ihrer Seite. Natürlich mochten diese auch Frederic, aber von Victoria fühlten sie sich eher angesprochen. Victoria ist das «süße Mädchen». Sie kann auf die Erwachsenen eingehen und sie um den Finger wickeln. Die Mutter: «Aber ihre Zärtlichkeit ist oft Berechnung. Wenn sie anfängt: ‹Mamilein›, da weiß ich, daß sie etwas will. Frederic hat wesentlich mehr selbstlose Zärtlichkeit. Vicki ist oft eine lästige Fliege. Sie mischt sich bei den Erwachsenen gerne ein.»

Es ist schwierig, beiden gerecht zu werden

Er sieht es als typisches Problem von Zwillingseltern, die selbstgesteckten Erwartungen zu erfüllen, beiden immer gerecht zu werden. Sind beide Elternteile da, können die Kinder aufgeteilt werden. Ist aber tagsüber die Mutter allein mit den gleichaltrigen Kindern, wird sie – wie es die Mutter von Frederic und Victoria erlebt – buchstäblich zermürbt.

Frederic und Victoria werden nur selten gleich gekleidet: «Diese Kinder sind sowieso gestraft genug. Sie müssen die Mutter teilen und haben am gleichen Tag Geburtstag. Da sollen sie nicht noch gleich angezogen sein. Das finde ich unmöglich», meint die Mutter.

Mit Zwillingen ist man schnell isoliert

Der Spielkreis, den sie schon früh mit den Zwillingen besuchte, hatte für die Mutter auch das Ziel des Erfahrungsaustauschs, wichtiger aber noch war die Tatsache, daß sie aus der eigenen Wohnung hinauskonnte.

«Die Kinder waren mal beschäftigt, und man konnte tatsächlich über etwas anderes mit anderen Erwachsenen reden.» Mit den Kindern allein spazierenzugehen, wurde oft zum zusätzlichen Stress. Mit Zwillingen, so ihre Meinung, ist man noch isolierter als mit einem Kind. Man kommt seltener aus dem Haus. Es ist aufwendiger, umständlicher. «Wenn man dann auf die Räume angewiesen ist, ist das praktisch wie in einer großen Glocke. Man gerät sich auch mit den Kindern viel schneller in die Wolle.»

Kontakt zu Zwillingseltern fand sie im Spielkreis und im Park.

Einige Überlegungen zu dem Bericht der Familie

Die Geschichte dieser Familie beginnt mit extremen Ausgangsbedingungen für Victoria und Frederic. Glücklicherweise werden in der Regel gesunde Zwillinge geboren bzw. können Folgen aus Schwangerschaft und Geburt im Verlauf der ersten Lebensjahre weitgehend behoben werden.

Die Basis, auf der das Ehepaar zunächst die Beziehung zu den Zwillingen aufbauen mußte, war geprägt von der über Monate anhaltenden Unsicherheit, ob die Kinder (eines oder beide) überhaupt am Leben bleiben. Zumindest während des ersten Lebensjahres standen Fragen der medizinischen Versorgung und Betreuung der Kinder im Vordergrund. Neben diesen außergewöhnlichen Anforderungen war das Ehepaar zudem belastet durch die Enge der Wohnung und besondere Rücksichtnahme, die es glaubte im Haus üben zu müssen. Die Behinderung des Mannes kam hinzu. Dabei war die Familie bei der Bewältigung der an sie gestellten Anforderungen weitgehend auf sich gestellt.

Es ist leicht nachzuvollziehen, daß in einer solchen Situation Kraft und Personen fehlen, die Individualisierungstendenzen unterstützen könnten.

Der Kinderarzt sorgte für die medizinische Betreuung der Zwillinge. Die Eltern haben großes Vertrauen zu ihm, und sie konnten ihn als einen besonders gewissenhaften, fürsorglichen Begleiter erleben. Aber sie konfrontierten ihn auch mit allen Fragen, die die Erziehung und pädagogische Betreuung der Zwillinge betraf. Aber wir dürfen wohl davon ausgehen, daß Kinderärzte in ihrer Aus- und Fortbildung auf das besondere Problem der Zwillingserziehung nicht vorbereitet werden.

In der Beschreibung der Kinder wurde deutlich, daß der Entwicklungsvorsprung von Victoria sich manchmal hemmend auf Frederic auswirkte. Mißerfolge frustrieren, wenn der ständig anwesende Zwilling meist schneller und geübter ist.

Jungen einer Pärchenkonstellation scheinen in der Außenwirkung der Schwester gegenüber häufiger benachteiligt zu sein. Victoria, die durch die Zuwendung der Erwachsenen Bevorzugte, hat sich offenbar eng an diese gebunden, während Frederic sich stärker und freier auf Kinder zubewegt.

Beide haben Strategien entwickelt, wie sie im rivalisierenden Kampf um Zuwendung die Aufmerksamkeit der Erwachsenen auf sich lenken: hat Victoria positive Zuwendung durch Schmusen, Liebsein oder gute Leistung erworben, resigniert Frederic und macht durch lautes Spiel auf sich aufmerksam. Hat dagegen Frederic die Anerkennung der Erwachsenen durch gelungenen Kontakt zu Gleichaltrigen auf sich gelenkt, reagiert Victoria eher zickig, zum Beispiel durch das Nachahmen eines körperbehinderten Kindes aus ihrer integrativen Gruppe des Kindergartens.

Wenn die Familie – wenige Wochen nach unseren Gesprächen – in ihrem neuen Haus wohnen kann, werden die Zwillinge selbständiger draußen ihre Freundschaften und Spiele organisieren können und individuellere Wege gehen. Die neue Erfahrung, auch einmal vom Geschwister unabhängig zu spielen, wird für Victoria und Frederic wichtig sein. Die Familie wird durch die günstigeren Wohnverhältnisse und die zunehmende Selbständigkeit der Zwillinge weniger Druck haben, mehr eigene Erholungspausen finden. Aber die Unsicherheit, die Eltern von Zwillingen in der Erziehung oft verspüren, wird in dieser Familie vermutlich weiterhin größer bleiben, denn der Werdegang von Frederic und Victoria ist so außergewöhnlich, daß die Orientierung an der Erfahrung mit anderen Paarzwillingen nur begrenzt hilf-reich und möglich ist.

Sergio und Maurizio:
Warum es so schwer sein kann, Eigenständigkeit zu entwickeln

Sergio und Maurizio sind zweieiige Zwillinge und zum Zeitpunkt des Gesprächs 5 ½ Jahre alt. Der Vater der beiden Jungen ist italienischer Herkunft und mit einer deutschen Frau verheiratet. Zur Zeit der Ge-burt der Zwillinge war er 32 Jahre und sie 30 Jahre alt.

Die Familie baut in Italien ein Haus und wird in naher, aber noch nicht bestimmter Zeit dorthin ziehen. Zur Zeit bewohnt die Familie eine kleine Zweizimmerwohnung. Der Vater arbeitet im Schicht-dienst als Chemiearbeiter; die Mutter, von Beruf Bürokauffrau, ist zur Zeit Hausfrau.

Die Mutter schildert in unserem Gespräch ihre Situation und die Erfahrung mit den Zwillingen.

Die Neuigkeit war ein Schock

«Ja, da war ich im fünften Monat, und es war ein Riesenschock, daß es zwei werden, in der beengten Wohnung.» Sie hatten sich auf ein Kind gefreut. Später haben sie sich mit der Tatsache abgefunden, daß es zwei sein würden, die Lage war schwierig, aber sie haben sich darauf eingestellt und freuten sich schließlich auf die Kinder. Die Kollegen reagierten sehr dramatisch: «Ach du lieber Himmel! Jetzt Zwillinge! Geben Sie doch einen weg! Das ist ja entsetzlich!» Solche Reaktionen führten dazu, daß sie mit niemandem mehr über die Si-tuation sprach. Sie hatte bis zu diesem Zeitpunkt fast keine Bezie-hung zu kleinen Kindern und keine eigenen Geschwistererfahrun-gen. Sie habe Kinder zwar gern gehabt, wußte aber nichts mit ihnen anzufangen.

Risikokinder – aber letztendlich gesund

Sergio und Maurizio kamen drei Wochen vor dem errechneten Termin zur Welt. Die Mutter hatte beide nach der Geburt kurz im Arm, dann schlief sie wegen der Lachgasnarkose wieder ein.

Einen Tag nach der Geburt erfuhr sie durch ihre Eltern und ihren Mann (nicht durch den Arzt!), daß Sergio auf die Intensivstation und Maurizio auf die normale Kinderstation einer anderen Klinik gebracht worden waren. Da sie die Kinder bald sehen wollte, ließ sie sich sehr früh entlassen.

Maurizio, der Erstgeborene, ist der Zartere. Er wog bei der Geburt 2200 Gramm. Sergio wurde mit der Saugglocke geholt und mußte künstlich beatmet werden. Er wog bei der Geburt 2500 Gramm und mußte eine Woche auf der Intensivstation bleiben. «Ich hatte ständig Angst, daß dieses Kind nicht normal sein könnte», so die Mutter, «mittlerweile habe ich sie überwunden, weil ich merkte, er entwickelt sich normal.»

Sergio mußte insgesamt vier Wochen in der Klinik bleiben, weil er angeblich mehrmals einfach nicht geatmet hat. Die Mutter hatte zu Beginn große Angst, daß ihr das auch zu Hause passieren könnte. Ihr Mann und sie haben in der ersten Zeit die ganze Nacht zu Hause gewacht, um zu hören, ob das Kind atmet.

Maurizio blieb sechs Wochen in der Klinik, weil er zu wenig zunahm. Als Risikokinder mußten beide regelmäßig der Nachsorge vorgestellt werden. Beide sollten ebenfalls krankengymnastisch betreut werden. Der Grund bei Sergio war die asymmetrische Pofalte, erzählt die Mutter. Und Maurizio sollte turnen, «weil er sich schlecht bewegte». Und die Mutter fügt hinzu: «Also im nachhinein muß ich sagen, es kann auch einfach veranlagt sein, denn ich bin ein unsportlicher Typ.»

Sie glaubt mittlerweile, daß die Ärzte immer wieder neue Gründe gefunden haben, um die Risikoberatung und Krankengymnastik fortzuführen. Heute, meint sie, würde sie in solchen Situationen selbstbewußter auftreten und sich nicht so überfahren lassen.

Wenn Hilfe zur Belastung wird und die Zeit zum Schlafen fehlt

Ihre Mutter wohnt in der Nähe und half in der ersten Zeit täglich etwa drei Stunden. «Es war eine Hilfe, aber es war auch gleichzeitig eine Belastung. Der kleine Raum – und meine Mutter neigt dazu, mich zu bevormunden. Also, wir sind uns wahnsinnig auf die Nerven gegangen, so daß ich sie am liebsten manchmal rauskomplimentiert hätte. Aber wir haben es ausgehalten, bis die Kinder acht Monate alt waren. Dann wollte ich allein zurechtkommen.»

Besondere Probleme machte es, Termine, etwa die der Krankengymnastik, wahrzunehmen. Sie mußten so gelegt werden, daß der Ehemann trotz Schichtdienst Zeit hatte, sie zu fahren, da die Frau keinen Führerschein besitzt und Busfahren mit dem Zwillingswagen unmöglich ist.

Die Einkäufe erledigte in der Regel der Ehemann. Manchmal wollte sie aber auch mal aus dem Haus – ohne Kinder – und hat das gern übernommen. «Dann bin ich wie eine Wilde durch den Ort zum Einkaufen, und das hat mir gutgetan. Das hat den Stress abgebaut. Freizeit hatte ich kaum.»

Die Mutter erinnert sich noch daran, daß sie beide sieben- bis acht-mal am Tag gefüttert und gewickelt haben. «Wir dachten, man muß den beiden was Gutes tun und haben sie wahrscheinlich auch zu oft gefüttert. Also, das war sehr schlimm. Ich habe nachts oft nur eine Stunde am Stück geschlafen. Zumindest wenn ich allein war, war das Wahnsinn. Bis ich dann mal drauf gekommen bin, daß ich mir die Arbeit ja leichter machen kann, indem ich beide ins Bett lege und ihnen gleichzeitig die Flasche gebe.»

Vorlieben für einen Zwilling «darf man nicht zugeben»

In den ersten vier Wochen hatte sich der Vater Urlaub genommen. «Sergio kam als erster nach Haus, und wir hatten beide Zeit. Wir haben uns förmlich darum geschlagen, wer die Flasche gibt und wer wickelt. Das war schlimm. Dann kam Maurizio, und dann war nicht mehr so viel Zeit. Ihn haben dann von vornherein mein Mann und meine Mutter übernommen, so daß er zunächst auch eher ein Papa-Kind wurde.»

«Es hat lange gedauert, bis Maurizio und ich eine gute Beziehung zueinander aufgebaut haben. Irgendwie war es schon vom Äußeren her, daß der eine mir mehr lag als der andere. Sergio hatte diese gro-ßen schwarzen Augen und guckte da hinter der Scheibe so wahnsinnig traurig. Und das hat mir so unheimlich leid getan. Also wollte ich den unbedingt bei mir haben. Das war auch äußerlich mehr das Baby, das ich mir gewünscht hatte, kräftig, mit dunklen Augen und Locken. Wenn ich Maurizio betrachtete – das war jetzt rein äußerlich –, da hatte ich eigentlich gar nicht so das Gefühl, daß das mein Kind ist. Wie schrecklich sich das im nachhinein anhört.» Maurizio war ein typi-sches Schreikind, das sich durch nichts beruhigen ließ. Die Mutter empfand dies damals als «undankbar», meint aber heute, daß sie viel-leicht nicht richtig auf ihn eingegangen ist.

«Ich habe mich manchmal gefragt: Warum hast du das Kind nicht genauso lieb? Ich habe das ja im Unterbewußtsein gemerkt. Manch-mal dachte ich dann schon, es wäre besser, wenn nur einer da wäre. Das wäre dann Sergio. Aber ich habe natürlich nicht gewollt, daß der andere stirbt. Also, ich habe gedacht, wenn du jetzt nur ein Kind gehabt hättest, dann wäre es doch problemloser gelaufen. Man darf das aber nicht anderen gegenüber zugeben. Weil einem dann Vorwürfe gemacht werden. Aber die anderen sind in einer anderen Situation. Ich habe das aber wirklich bei mir gespürt. Ich habe zwei Jahre gebraucht, bis ich das vollkommen akzeptieren konnte. Dann hingen wir sehr aneinander. Er war dann kein Papa-Kind mehr, sondern wurde ein Mama-Kind.»

Zu diesem Zeitpunkt hatte sie beide mit ihren Eigenarten akzeptieren können. «Heute sage ich, daß sie nicht gleich sind, das fände ich langweilig.»

Zwei ganz verschiedene Typen?

Die Mutter sähe es gern, wenn Maurizio mehr Interesse am Spielen zeigen würde und mehr Ausdauer hätte. Positiv bemerkt sie, daß er sehr sensibel ist, und sieht dies als seinen Vorteil. Er kann gut trösten und mehr als Sergio mitfühlen. Das erlebte sie einmal, als sie sich am Fuß verletzt hatte. «Das tut einem natürlich gut. Maurizio ist eher das Mädchen, wenn man so will. Er ist eben weinerlicher veranlagt.» Maurizio ist der schmalere, etwas steifer und ungelenker als sein Bruder.

Sergio hat den Sport für sich entdeckt und in seinem Vater einen Verbündeten gefunden. Sie halten da zusammen, gehen Fußballspielen oder schauen sich auf dem Sportplatz ein Spiel an. Auch das Radfahren war zunächst Sergios Vorliebe. «Sergio ist pflegeleicht. Also man kann sich mit ihm ganz gut beschäftigen, er malt und puzzelt. Maurizio will immer andere Leute um sich haben und hat nur Blödsinn im Kopf. Er ist sehr geschickt, wenn es darum geht, eine Sendung vom Radio auf Kassette aufzunehmen. Aber für meine Begriffe hat er nur Unsinn im Kopf, macht nichts Konkretes, nichts, was ihm vielleicht ein bißchen schwerer fällt.»

Bevor die beiden in den Kindergarten kamen, waren sie bis zum dritten Lebensjahr im Spielkreis. In dieser Zeit war Sergio noch sehr zurückhaltend, hatte nie Freunde. «Ich glaube, daß er eben auch mehr nach mir schlägt. Ich habe auch Kontaktschwierigkeiten.» Heute fühlt sich Sergio – auch dank seiner Kindergartenerfahrungen –

sicherer, hat aber immer noch den Zwillingsbruder gern im Hintergrund dabei. «Im Spielkreis hing Sergio hundertprozentig an mir. Der Maurizio hatte sich schnell abgenabelt, aber Sergio hing eigentlich immer nur an meinem Rockzipfel.»

Wodurch den beiden größere Eigenständigkeit innerhalb der Zwillingsgemeinschaft schwergemacht wurde

Die Mutter befand sich mit den Kindern seit deren dritten Lebensjahr ständig in der Erwartungshaltung, innerhalb des folgenden Jahres nach Italien zu ziehen. Dies brachte zwangsläufig die Unsicherheit mit sich, ob sie sich nach Italien orientieren soll oder etwa die Kinder hier noch für einige Zeit in den Kindergarten schicken kann. «Ich habe die Entscheidung immer vor mir hergeschoben, weil wir nicht wußten, was wird. Das ist heute noch eine Belastung.»

Andere Kinder können nur selten die Zwillinge besuchen. «Ich will nicht, daß es heißt: die leben wie die Asozialen.» Sie spricht damit ihre beengten Wohnverhältnisse an. Wenn Sergio und Maurizio zu einem anderen Kind eingeladen werden, hat sie das auch nicht so gern. «Wenn sie eingeladen werden, dann möchte ich auch, daß andere kommen. Dazu ist aber in unserer Wohnung zu wenig Platz. Im Grunde genommen sage ich mir: Mir reichen meine zwei. Das ist schon traurig, weil ich das gern anders hätte.»

Maurizio, der kontaktfreudigere unter den Zwillingen, freut sich auf das künftige Leben in Italien. Er freut sich auf das Haus, den Hund und die Katze, die sie dort haben werden, und auf die Freunde, die er von den Urlauben her schon kennt. Sergio möchte eigentlich lieber hierbleiben. Dabei denkt er auch an seine Oma, die er dann kaum noch sehen wird.

Die Unterschiedlichkeit der beiden Jungen beginnt sich ganz allmählich auch in der Wahl der Kleidung auszudrücken. «Am Anfang war es immer so, daß der eine gern das haben wollte, was der andere hatte. Sie haben auch heute noch alles doppelt. Manchmal entscheiden sie sich morgens dafür, sich als Zwillinge anzuziehen. Dann sind sie gleich gekleidet. An einem anderen Tag möchten sie verschiedene Dinge anziehen.» Die Großeltern fördern in ganz starkem Maße die

Orientierung auf das Zwillingsbild hin. So schenken sie grundsätzlich die gleichen Spielsachen, auch wenn der eine sich zur Zeit weniger dafür interessiert. Die Mutter dagegen ist der Meinung, daß die beiden sich abwechseln können oder auch ruhig einmal drum streiten sollen. Sie berichtet vom Geburtstag des Großvaters, an dem er beide zu einem Ausflug mitnehmen wollte. Sergio wäre gern darauf eingegangen, während Maurizio auf seinen Kindergartenvormittag nicht verzichten wollte und am Nachmittag zum Großvater gekommen wäre. «Der Großvater vertrat den Standpunkt: nein – entweder alle beide oder gar keiner. Das ist denen so schwer klarzumachen, daß sie damit immer die Wünsche eines Kindes übergehen. Sie meinen, sie behandeln sie gleich, aber in Wirklichkeit behandeln sie sie ja nicht gleich, weil sie einem die Wünsche ablehnen.»

Veränderungen innerhalb der Paarbeziehung durch den Kindergarten

Die Mutter beschreibt ihre Kinder vor der Kindergartenzeit als relativ friedlich miteinander umgehende Zwillinge. «Also irgendwie hat Maurizio wahrscheinlich den Sergio als über sich stehend anerkannt und hat das dann auch als bequem empfunden. Er ließ sich von Sergio ein Auto aus Lego bauen oder etwas malen. Das war schwer für mich, dagegen anzugehen.»

Diese Zweisamkeit wurde gestört, wenn einer der beiden mit einem anderen Kind spielte. Aus der Sicht der Mutter mischt sich Maurizio als Störenfried ein, sobald Sergio mit jemand anderem spielt. Dann sieht sie sich gezwungen, dabeizusein und zu vermitteln.

Als beide mit fast fünf Jahren in den Kindergarten kamen, wurden sie sehr aggressiv zueinander. Sergio und Maurizio wurden in einer Kindergartengruppe betreut. Während Maurizio Unmut und Ärger gleich im Kindergarten auslebte, schluckte Sergio ihn dort hinunter und ließ ihn zu Hause an Maurizio und ihr, der Mutter, aus. Er schlug zu, zog an den Haaren und trat. «Vorher waren sie recht rücksichtsvoll miteinander. Vielleicht hatte ich Auseinandersetzungen auch ein bißchen unterbunden.» Nach einiger Zeit im Kindergarten hat sich wohl der erste aggressive Sturm zu Hause gelegt.

Maurizio erlebt sich seinem Bruder gegenüber in der Rolle dessen, der vieles noch nicht so gut kann. Wenn die Mutter mit ihm dann ein Puzzle zusammensetzen möchte, kommt Sergio dazu und zeigt oder sagt ihm, daß er es doch viel besser kann. Dann verliert Maurizio die Lust. Wenn der Vater etwas mit ihm unternehmen will, ist Sergio immer dabei.

Während Maurizio auf diesem Gebiet Erfolgserlebnisse fehlen, ist er im Alltag selbständiger und kann zum Beispiel seinen Po allein abputzen. Wenn sie sich streiten, können sie verbal sehr massiv werden. Dabei halten sie sich gegenseitig die eigenen Stärken bzw. das Unvermögen des anderen vor.

Ist die Erzieherin die zweite Mutter?

Sergio und Maurizio wurden bis zu unserem Gespräch von einer Erzieherin betreut, eine Trennung der beiden wird von der Mutter jetzt erwogen.

In dem Gespräch mit der Mutter wurde deutlich, daß die Kinder aus ihrer Sicht in der Kindergruppe mit der Erzieherin die Wiederholung der häuslichen Erfahrung erleben. Für Sergio ist die Erzieherin die zweite Mutter. Er mag sie sehr und sie kommt mit ihm gut aus. Maurizio fühlt sich von ihr nicht akzeptiert. «Die Erzieherin hat mir noch nie etwas Positives über ihn berichtet. Aber es ist für sie auch schwierig, mit ihm etwas anzufangen, weil er wenig Interessen hat.» Dagegen sind die Vertretung der Erzieherin oder auch die Kindergartenleiterin aus der Sicht der Mutter besser mit Maurizio zurechtgekommen. Er machte bei beiden besser mit. Und über die Erzieherin sagt sie: «Es ist bestimmt keine böse Absicht. Maurizio liegt der Erzieherin eben nicht. Ich habe eben den Eindruck, daß die beiden nicht hundertprozentig miteinander zurechtkommen. Ich denke, das könnte ihn jetzt in seiner Entwicklung behindern, wenn er das Gefühl hat, ob zu Recht oder nicht immer zu Recht, da abgelehnt zu werden.»

Die ungewöhnlich deutliche Ablehnung durch ihre Kolleginnen hat das Bemühen der Schwangeren um das Akzeptieren der Zwillingsschwangerschaft erschwert, was durch die Unterstützung ihres Mannes allerdings wieder ausgeglichen wurde. Die Ungewißheit (Bleiben wir hier? Wann ziehen wir nach Italien?) schien ihr die notwendige Sicherheit zu nehmen, die sie gebraucht hätte, um bei Sergio und Maurizio mehr Eigenständigkeit zuzulassen. Die als Provisorium für die Zeit bis zum Umzug nach Italien gehaltene sehr kleine Wohnung schränkte den Bewegungsdrang der Kinder, Kontakt mit Freunden und Abgrenzung zum Zwillingsbruder erheblich ein. Die Mutter empfand diese bereits fast sechs Jahre anhaltende Ungewißheit allmählich als unerträglich. Indem sie mit Nachdruck auf eine rasche Lösung hinarbeitet, beginnt sie stärker, individuelle Entwicklungen der Kinder zuzulassen. Die eigene Unsicherheit im Hinblick auf neue Kontakte steht ihr dabei etwas im Wege. Zudem scheinen die Großeltern die Entwicklung der Zwillinge sehr paarbezogen beeinflussen zu wollen. Die Mutter fühlt sich ihnen gegenüber immer dann in einer Rechtfertigungssituation, wenn sie den individuellen Bestrebungen der Kinder nachgeben will.

Sie beschreibt, wie unterschiedlich ihre Gefühle gegenüber Sergio und Maurizio am Anfang waren, und das Problem, sich gleichzeitig auf zwei neue Kinder einstellen zu müssen. Sergio entsprach rein äußerlich eher ihren Hoffnungen, hatte wohl mehr Ähnlichkeit mit dem Ehemann. Zudem war Sergio zunächst das kränkliche Kind, dem sie ihr Mitgefühl entgegenbrachte. Maurizio wurde während der ersten Monate im Sinne von Arbeitsteilung vor allem vom Ehemann und der Großmutter versorgt. Fixierungen werden dadurch eher unterstützt. Später scheinen sich die elterlichen Bezugspartner zu vertauschen. Sergio spricht nun mit seinen eher jungentypischen Vorlieben die Interessen des Vaters an.

Sergio und Maurizio haben offenbar ganz unterschiedliche Neigungen und Stärken. Dabei scheint Sergio in der Bewertung seiner Vorlieben besser abzuschneiden. Dadurch kann er seine Vormachtstellung auch dem Bruder gegenüber behaupten. Darüber hatte sich offenbar, solange sie unter sich waren, bis zum Eintritt in den Kindergarten ein stilles Abkommen innerhalb der Paarbeziehung entwickelt. Sergio hilft Maurizio beim Malen, Bauen etc., dafür akzeptiert Maurizio ihn quasi als den größeren Bruder. In Konfliktsituationen rechnete Maurizio aber dem Sergio seine Stärken vor. Rivalität und Machtkampf waren, auch wenn sie nur selten aufbrachen, deutlich vorhanden. Sie sind wohl notwendig und zeigen, daß Maurizio gegenüber der Dominanz des Bruders nicht völlig resigniert hat. Aber er hat offenbar nicht den Ansporn, mit dem Bruder gleichzuziehen.

Diese eingespielte Paarbeziehung schien aus den Fugen zu geraten, als beide in eine Gruppe in den Kindergarten kamen. Dort wurden sie, gleichaltrig und gleich gekleidet, mit den gleichen Erwartungen konfrontiert. Der eine war kontaktfreudiger, der andere war geschickter. Und so behinderten sie sich gegenseitig, indem sie aus Rücksicht auf den Bruder auf eigene Initiativen verzichteten, die sie auseinandergebracht hätten. Für die Mutter wurde die nun offen auftretende Aggression zum Problem. Denn die beiden hatten zuvor wenig gestritten.

Sie beschreibt die Problematik, die sie bei der Erzieherin sieht, beiden gerecht zu werden, zu beiden eine jedem Kind angemessene Beziehung aufzunehmen. Ohne es so zu formulieren, erlebt sie hier die Wiederholung ihrer eigenen Situation, die sie während der ersten beiden Jahre mit den Zwillingen durchlebte.

Die Mutter weiß, daß eine Trennung für die Kinder wichtig ist. Sie weiß auch, daß Maurizio seine Stärken entwickeln kann, wenn er unabhängig von seinem Bruder eigenständige Erfahrungen macht. Deshalb der Plan, die Kinder im Kindergarten in verschiedenen Gruppen zu betreuen.

Kapitel 3

Erwachsene Zwillinge und ihre Freunde

Aus Kindern werden Leute. Und selbstverständlich haben Zwillinge einen besonderen Reiz und besondere Probleme nicht nur für Eltern. Die Doppeltheit fasziniert auch, wenn die Zwillinge erwachsen sind, Freunde und Bekannte – und nicht zuletzt Ehemänner bzw. -frauen und Verwandte.

Darum beschäftige ich mich in diesem Kapitel mit erwachsenen Zwillingen. Dabei ging ich aus von folgenden Fragen:

Bei eineiigen Zwillingen:
- Wie gehen Eltern, Umwelt und die Zwillinge selbst mit ihrer Gleichheit um?
- Werden unterschiedliche Stärken wahrgenommen, zugelassen, unterstützt?
- Wie entwickelt sich die Paarbeziehung (Eigenständigkeit, Abhängigkeiten, Konkurrenzen etc.)?
- Sind individuelle Freundschaften möglich?
- Wie gestaltet jeder Zwilling für sich das Leben als Erwachsener?

Bei zweieiigen Zwillingen:
- Was unterscheidet ihr Leben von dem eines normalen Geschwisterpaares?
- Entwickeln sich die beiden zu typischen Vertretern ihres Geschlechts, um sich abzugrenzen?
- Können eigene Entwicklungsrhythmen gelebt werden, oder wie wird die von den Eltern gewünschte Rücksichtnahme auf den Zwilling erlebt?

– Wird der Freund oder Ehepartner zum Konkurrent oder Rivalen des Zwillingsgeschwisters? Denn diese Zwillingskonstellation birgt hier ganz andere Dimensionen der Eifersucht als bei einem gleichgeschlechtlichen Zwillingspaar.*

Es kommen unterschiedliche erwachsene Zwillinge zu Wort, die sich an ihre Kindheit und Jugend als Zwilling und mit dem Zwillingsgeschwister erinnern. Ein Ehepartner beschreibt, was es Besonderes hat, mit einem Zwilling verheiratet zu sein. Ich habe neben einem eineiigen Zwillingspaar ein gemischtes und ein zweieiiges gleichgeschlechtliches Zwillingspaar bcfragt.

Die Kindheit der hier befragten Zwillinge vor 20 bis 30 Jahren sah anders aus als eine Kindheit heute. Die Familien hatten früher mehr Kinder. Alle drei befragten Zwillingspaare haben noch zwei Geschwister. Der zusätzliche Erfahrungsraum auf der Straße und im Umfeld bot – ohne von den Eltern organisiert zu werden – den Kindern vielfältige Kontaktmöglichkeiten. Isolation eines Zwillingspaares auf die Wohnung und die Kleinfamilie war früher im Gegensatz zu heute weitgehend ausgeschlossen.

Steffi und Susi: «Wir waren unsere besten Freundinnen»

Steffi und Susi sind eineiige Zwillinge und zum Zeitpunkt des Gesprächs 24 Jahre. Ihre Berufe sind Bank- und Versicherungskauffrau.

Sie haben einen acht Jahre älteren und einen um drei Jahre jüngeren Bruder. Steffi und Susi hatten in ihrer Kindheit und Jugend immer ein gemeinsames Zimmer. In Wohnungsnähe war das Spiel draußen relativ ungestört möglich. Steffi ist verheiratet.

* Mehr Informationen zu den Gesprächssituationen siehe Anhang 2

Der Vorsprung durch die Geburt

Steffi, die heute noch eher wie Susis ältere Schwester auftritt oder wirkt, hatte schon bei der Geburt 1000 Gramm mehr Gewicht. Sie war auch 5 Zentimeter größer. Steffi ist früher gelaufen als ihre Schwester und war – nach Einschätzung beider – immer etwas weiter. Sie war die Mutigere und fühlte sich für beide verantwortlich. Wenn sie sich zum Beispiel ein Eis kaufen wollten, dann besorgte Steffi es für die Schwester mit. Dieser Vorsprung war aber für Susi Ansporn, es ihrer Schwester gleichzutun. «Wenn Steffi ins Geschäft ging, um für uns beide Bonbons zu kaufen, habe ich gedacht, Mensch, warum kann ich das nicht? Ich habe mich durch Steffi angespornt gefühlt, mich aufzuraffen.»

Aber obwohl Steffi als die Stärkere, Mutigere galt, kam sie abends ins Bett der Schwester. Nie war es umgekehrt.

Die Zwillinge sind sechs Wochen zu früh geboren. Susi, die Schwächlichere, wurde von der Mutter stärker umsorgt und war auch stärker auf sie bezogen. Sie ging zu keinem anderen auf den Arm. Auch auf Fotos ist sie immer bei der Mutter zu sehen. Steffi saß dann eher auf dem Schoß des Vaters oder bei den Großeltern.

Steffi: «Ich bin automatisch abgeschoben worden. Ich habe halt Ruhe gehalten.»

Susi: «Aber das hast du nie als Nachteil empfunden, da warst du noch zu klein, oder?»

Steffi: «Nein, überhaupt nicht. Aber ich habe es auch auf den Bildern gesehen. Wenn du bei der Mutti auf dem Schoß saßest, dann saß ich beim Papi.»

Alles gleich – ganz natürlich

Susi und Steffi erinnern sich daran, daß sie völlig unabhängig voneinander die gleiche Bluse oder die gleichen Schuhe kauften.

Sie gingen beide in den Handballclub, in den Turnverein. «Wir wurden nie zu etwas gezwungen. Es war für uns ganz natürlich, daß wir gleich angezogen waren und in die gleiche Klasse gingen.»

Auch der Beginn der ersten Menstruation verschob sich lediglich um vierzehn Tage. Diesmal war Susi schneller. Den ersten Freund fanden sie im Abstand von zwei Tagen.

Gleich sein bedeutet auch gleiche Leistung in der Schule

«Konkurrenz gab es, aber in gesundem Maße. Im letzten Schuljahr hatten wir total die gleichen Zeugnisse, ich glaube bis auf eine Note waren sie alle gleich.»

«Eigentlich wollte keiner besser sein als der andere. Wir wollten immer alles zusammen machen und wollten auch immer gleich sein. Auch in der Schule wollte keiner von uns, daß er jetzt besser ist als der andere.»

Susi und Steffi lernten immer zusammen. Gerade bei den Lernfächern, etwa bei einer Vokabelarbeit im Englischen, konnte es auch vorkommen, daß sie den gleichen Fehler machten. Sie wurden bei Arbeiten teilweise auseinandergesetzt, damit der Lehrer gegenseitiges Abschreiben als Ursache für die fast gleiche Arbeit ausschalten konnte.

Für die Zwillinge war es schön, immer gemeinsam Hausaufgaben zu machen, für die Arbeiten zusammen zu lernen – gemeinsam hat es mehr Spaß gemacht.

Steffi: «Wenn ich eine schlechte Note gehabt habe, war ich ganz traurig. Vielleicht auch, weil ich wußte, daß Susi eine bessere hatte. Aber die Eltern haben uns dabei nicht gegenseitig als Vorbild hingestellt. Wenn wir nicht so gleich gewesen wären, hätten uns die Eltern vielleicht eher verglichen. Wir wurden auch für Noten nie belohnt oder bestraft.»

Gleich sein bedeutet auch attraktiv sein

Bis zum Alter von dreizehn Jahren waren Steffi und Susi stets gleich gekleidet. Später haben sie sich manchmal zum Spaß gleich angezogen, wenn sie gemeinsam weggingen.

Sie berichten von einer Situation aus ihrer Kindheit: Sonntags waren beide stets besonders schön gekleidet. Einmal fiel ein Zwilling hin, verschmutzte die weiße Strumpfhose. Die Mutter wollte sie gegen eine blaue austauschen. Die Kinder haben sich so lange gegen diese Maßnahme gewehrt, bis beide eine blaue Strumpfhose anziehen durften und nun wieder gleich aussahen.

Sie erinnern sich beide, daß sie schon sehr früh ihre Kleidung selbst wählen durften, die Mutter ihnen nie ihre Vorstellungen aufzwingen wollte. Aber Steffi und Susi legten selbst großen Wert auf gleiche Kleidung.

«Ich finde, wir waren gleich.»

«Zwilling sein und einen Zwilling haben ist sehr schön und war früher etwas ganz Tolles.»

«Früher war es noch eher etwas ganz Besonderes, weil wir auch mehr zusammen waren.»

«Heute müssen wir unser Zwillingsdasein nicht mehr so demonstrieren. Aber als Kinder – ich fand das toll. Echt.»

Steffi und Susi wurden oft verwechselt, vor allem, wenn sie nicht zusammen unterwegs waren. Außenstehende wußten oft nicht, wen von beiden sie nun vor sich hatten. Einem Zwilling wurde dann manchmal vorgeworfen, nicht gegrüßt zu haben, weil derjenige glaubte, die Zwillingsschwester vor sich zu haben.

Steffi: «Ich höre automatisch auch auf Susanne. Wenn jemand ‹Susi› sagt, denke ich, kannst gemeint sein oder auch nicht.»

Welch besondere Attraktion und Verkörperung des Zwillingsmythos sie darstellen, wurde ihnen noch einmal besonders deutlich, als sie bei der Suche nach einer Lehrstelle von einer Behörde gemeinsam – als Zwillingsattraktion – eingestellt werden sollten. Als eine von beiden mitteilte, schon eine andere Stelle zu haben, wurde der anderen abgesagt. Die zuständigen Herren dieses Hauses gaben zu verstehen, daß sie nur an dem Zwillingspaar interessiert gewesen seien.

«Wir waren die besten Freundinnen»

In der Kindheit, vermuten Steffi und Susi, haben sie sich auch einmal um Spielzeug gestritten. Als sie größer waren, gab es keinen Streit. Konflikte gab es immer dann, wenn sie in ihrer Zweisamkeit gestört wurden, wenn ein Dritter hinzu kam. «Weil jeder von uns den anderen für sich beanspruchen wollte, wir ganz aufeinander bezogen waren.» Eine gemeinsame Freundin gab es nicht. Es wäre zu Streit gekommen. Jede von ihnen hatte in der Schulzeit eine Freundin, aber es war nie eine sehr enge und intensive Freundschaft. «Wir waren unsere besten Freundinnen. Das hat uns zufrieden gemacht.»

Ein Dritter hatte es auch nach ihrer Einschätzung schwer, in diese Zweiergemeinschaft einzudringen. «Der eine von uns ist da ein bißchen stark, und der andere ist da ein bißchen schwach. Aber zusammen waren wir ja stark.»

Steffi und Susi spielten viel draußen, später waren sie in einer Clique. Sie hatten also Beziehungen zu vielen anderen, aber keine enge Freundin. Sie lebten ihr inniges Verhältnis miteinander. Dies kommt auch zum Ausdruck, wenn Susi sagt: «Ich sage heute noch oft ‹wir› und meine ‹ich›.»

Freunde – eigene Wege beginnen

Wie schon erwähnt, hatten Steffi und Susi ihren ersten Freund im Abstand von zwei Tagen kennengelernt. Dies war wenige Wochen nach ihrer Konfirmation. Sie waren dann oft zu viert zusammen.

Für die beiden ist es natürlich und selbstverständlich, daß der andere Zwilling sich mit dem eigenen Partner auch gut versteht. Es ist ihnen wichtig, daß durch den eigenen Partner die Zwillingsgemeinschaft nicht zerstört wird. Bislang – also bis zum Alter von 24 Jahren – erlebten sie hier keine Probleme.

Mit den Freunden kam der Zeitpunkt, von dem ab Steffi und Susi stärker eigene Wege gingen. Auch in der Kleidung begannen sie mehr und mehr, eigenen Stil zu entwickeln.

Ablösung der «jüngeren» Schwester

Früher war Susi relativ unselbständig. Allein hatte sie lange Angst, mit dem Zug zu fahren. Susi: «Ja, und dann auf einmal habe ich gedacht: ich ziehe zu Hause aus, ich ziehe nach Trier. Mit neunzehn Jahren. Da kannte ich keine Menschenseele. Ich habe gar nicht so viel überlegt, sondern einfach gehandelt. Es war schnell alles beschlossen, und ich konnte es dann auch nicht mehr rückgängig machen. Die erste Zeit ist mir das Alleinsein schwergefallen. In den ersten beiden Tagen habe ich auch geheult. Aber dann war ich völlig selbständig.»

Nach Abschluß der Lehre also lebte Susi für drei Jahre in Trier, dann wohnte sie wieder zu Hause. Vor zwei Jahren heiratete Steffi. Jetzt zieht Susi auch zu Hause aus.

Heute feiern Steffi und Susi ihren Geburtstag gemeinsam und treiben zusammen Sport. Sie haben ihre verschiedenen, wenn auch ähnlichen Berufe, die den Alltag bestimmen, und sie leben in unterschiedlichen Beziehungen.

Ist der Zwillingsmythos wie ein Sternzeichen?

Steffi brachte diesen Vergleich in unser Gespräch.

«Wenn man denkt, es muß auf Grund des gleichen Sternzeichens eine Ähnlichkeit da sein, dann achtet man auch besonders darauf. Man tut dies aber nicht, wenn diese Gleichheit nicht bekannt ist.»

Sie berichtet von einer Kollegin, deren Mann das gleiche Sternzeichen hat wie sie selbst. «Wenn sie dann von ihrem Mann erzählt, denke ich manches Mal, der ist ja so ähnlich wie ich. Wenn ich das aber jetzt nicht wüßte, dann würde ich vermutlich gar nicht nach Ähnlichkeiten suchen. Die meisten Ähnlichkeiten bei Zwillingen gibt es doch durch die Erziehung, durch das ständige Zusammensein, und weil man das gleiche macht.»

Es war (nicht immer) schön

Steffi erzählt, daß sie es nicht immer schön fand, alles gleich und gemeinsam zu haben. Wenigstens den Geburtstag hätte sie manches Mal gerne ganz für sich allein gehabt, einen Tag, an dem nur sie im Mittelpunkt gewesen wäre.

Vom Frühstück bis zum Abend waren sie zusammen. Die Kinderärztin riet damals den Eltern, Steffi und Susi in unterschiedliche Klassen zu geben. Aber weder die Zwillinge noch die Eltern wollten sich

111

dieser Empfehlung anschließen. Sie sehen heute auch gleich den Vorteil ihrer gemeinsamen Schullaufbahn; sie konnten gemeinsam lernen und im Krankheitsfall dem anderen helfen.

Steffi würde, wenn sie wählen könnte, lieber zwei Kinder verschiedenen Alters haben wollen. «Einer kann von dem anderen lernen. Da kann man sich viel intensiver mit jedem Kind befassen, jedes Kind ist ja auch anders.»

Danach gefragt, was ihnen bei der Erziehung eigener Zwillinge wichtig wäre, meinten beide, genauso handeln zu wollen, wie es ihre Eltern taten. Sie würden die Zwillinge auch in eine Klasse geben und hoffen, daß es beide auch schaffen. «Ich würde davon ausgehen, daß sie es schaffen, daß sie so sind wie wir.»

Einige Überlegungen zur Geschichte von Steffi und Susi

«Selbst eineiige Zwillinge, deren Startchancen anfangs völlig gleich sind, weisen bei der Geburt manchmal Gewichtsunterschiede bis zu 1000 Gramm auf. Obwohl sich Entwicklungsrückstände nach der Geburt weitgehend aufholen lassen, bedeutet ein Gewichtsunterschied von mehr als 300 Gramm bei eineiigen Zwillingen meist eine Vorentscheidung darüber, welcher der beiden Zwillinge im späteren Leben der körperlich stärkere und in der Beziehung zu Dritten dominierend sein wird.» (Karcher 1977, S. 110)

Diese Prognose erfüllt sich vermutlich vor allem dann, wenn die beiden Kinder stark aufeinander bezogen leben und in ihrer Kindheit wenig Individualisierungsbestrebungen entwickeln. Die Stärke des einen Zwillings prägt dann früh die Paarbeziehung und schreibt sie fest.

Steffi hat mit einem Kilo wohl den größtmöglichen Gewichtsvorsprung bei der Geburt mitgebracht. Sie wirkt heute noch wie Susis ältere Schwester. Aber Susi hat sich letztlich doch auch in dieser Zwillingsgemeinschaft emanzipieren können. Sie ging dazu für drei Jahre nach Trier, war allein auf sich gestellt und kehrte mit mehr Selbständigkeit und Selbstbewußtsein in die Zwillingsgemeinschaft zurück.

Ich habe in dem Gespräch nur einige Aspekte ansprechen und wenig vertiefen können. Aber Susi und Steffi haben mir vermitteln wollen, daß sie eine sehr schöne gemeinsame Kindheit verlebten und trotz ihres Gleichseins und ihrer innigen Beziehung zueinander heute in Ehe- bzw. Partnerbeziehung leben, die Platz läßt, ihre Zwillingsbeziehung weiterzuleben.

Obwohl Steffi den Zwillingsmythos einmal sogar mit dem Glauben an Sternzeichen in Verbindung bringt und sie die Gleichheit von Zwillingen auch als ein Produkt der Erziehung und des ständigen Beieinanderseins versteht, steht doch während des gesamten Gesprächsverlaufs die Gleichheit der beiden im Mittelpunkt.

Eineiige Zwillinge sind sich ähnlich, sehen gleich aus, bringen zwar unterschiedliche Voraussetzungen etwa durch das verschiedene Geburtsgewicht als Folge eines Machtkampfes um Nahrung im Uterus mit, verfügen aber über gleiche Erbvoraussetzungen. Die Umwelt und die Zwillinge selbst haben nun ihren Anteil daran, Gleichheiten zu prägen, Unterschiedlichkeiten zuzulassen und sogar zu unterstützen.

Steffi und Susi haben früher offensichtlich ihre Besonderheit als Zwillinge sehr genossen und viele Vorteile daraus gewonnen. Sie haben dies auch früh verinnerlicht, etwa wenn sie selbst es nicht zulassen konnten, verschiedenfarbige Strumpfhosen an einem Tag zu tragen. Sie wollten gleich sein und fühlten sich gleich.

Im Bereich der Schulleistungen ließen sie keine ernst zu nehmende Konkurrenz zu. Dies war Ansporn einerseits, weil die eine so gut sein wollte wie die andere, es hat möglicherweise aber auch das Exponieren unterschiedlicher Stärken verhindert. Gleichheit schaltet Vergleichsmöglichkeiten aus, verhindert aber auch Profilierung im positiven Sinn.

Wenn man für eine Arbeit gemeinsam lernt, kommt es auch unter Freunden vor, daß beide die gleichen Fehler machen. Auch die Lehrer haben vermutlich ihren Teil dazu beigetragen, die gleichen Leistungen von Susi und Steffi festzuschreiben. Wenn sie von den eineiigen Zwillingen gleiche Leistungen erwarten, beeinflussen sie mit ihrer Erwartungshaltung ganz entscheidend das Lern- und Leistungsverhalten der beiden.

Steffi und Susi haben eigene intensive Freundschaften in der Kindheit und Jugend offenbar nicht vermißt. Sie waren ihre besten

Freunde. Die Kontakte in Cliquen haben viele Beziehungen möglich gemacht, so daß sie in ihrem Zwillingsdasein nicht isoliert waren von den anderen.

Steffi und Susi sagen, sie haben es nicht mehr nötig, ihr Zwillingsdasein nach außen darzustellen. Haben sich die beiden voneinander gelöst? Wie weit hat jede für sich die Loslösung aus einer so engen Bindung bewältigt?

Gabi und Regina: Die ungleichen Zwillinge

Regina und Gabi sind 22 Jahre alt und ein zweieiiges Zwillingspaar. Regina ist Erzieherin und wird demnächst mit ihrem Freund in Freiburg wohnen. Gabi studiert Jura und wohnt noch zu Hause. Sie haben zwei Schwestern, die vier und acht Jahre älter sind.

Rein äußerlich wirken die beiden auf mich sehr gegensätzlich: Regina vorsichtig, eher weich, warmherzig, einfühlsam; Gabi eher rational, kühler, aber auch rücksichtsvoll, dominierend.

Die Familie bewohnt ein Haus in ruhiger Wohnlage, das Spiel vor dem Haus und auf den Straßen war früher quasi das zweite Kinderzimmer mit vielen Kontaktmöglichkeiten.

Als Zwilling auf sich gestellt zu sein, ist schwer

Regina glaubt, erst relativ spät selbständig geworden zu sein, weil sie während der Schulzeit alles Neue zur gleichen Zeit mit Gabi erlebt und geteilt hat. Sie hatte große Angst, allein in die Stadt zu fahren. Es war einfach ungewohnt. Daß sie als Zwilling ungeübt war, allein eine neue Situation zu bewältigen, verbaute ihr den Weg zum Abitur. Während Gabi, als «geeignet» benotet, nach der Realschule keine Aufnahmeprüfung zum Gymnasium machen mußte, galt Regina wegen einer Vier in Mathematik als «bedingt geeignet». Sie meint heute, daß sie sicher das Abitur versucht hätte, wenn sie ohne Aufnahmeprüfung zum Gymnasium hätte wechseln können oder wenn Gabi mit ihr gemeinsam diese Prüfung gemacht hätte. Allein hatte sie nicht den Mut dazu.

Gemeinsamkeiten

Gaby und Regina waren bis zum sechsten Lebensjahr gleich gekleidet. Dies auch deshalb, weil die Mutter befürchtete, ein Kind zu benachteiligen, wenn ihr ein Kleidungsstück besonders gefiel. Wem hätte sie es geben sollen? So kaufte sie es eben für beide. In der Regel erhielten sie auch in diesem Alter noch die gleichen Geschenke. Später entsprachen diese den unterschiedlichen Interessen und Neigungen der beiden, aber die Eltern achteten auf den gleichen Wert der Geschenke.

Regina und Gabi besuchten dieselbe Kindergartengruppe und dieselbe Klasse bis zum Abschluß der Realschulreife. Regina glaubt, daß es Gabi manchmal sehr peinlich war, mit ihr in einer Klasse gewesen zu sein, und zwar weil Regina ab und zu den Unterricht schwänzte. Gabi: «Da saß ich in der Klasse und wurde nach meiner Schwester gefragt. Ich habe dann gesagt, daß es ihr nicht gut geht und sie zu Hause im Bett liegt. Das war schon ziemlich unangenehm.»

Die Zwillinge hatten alle Krankheiten gleichzeitig, und ihre erste Menstruation begann fast auf den gleichen Tag. Alle unangenehmen Dinge wie Zahnarztbesuche oder Behördengänge bewältigten sie gemeinsam. Auch bei der Tanzstunde half eine der anderen zum notwendigen Mut.

Unterschiede

Regina: «Ich weiß, daß ich mich nicht danach gesehnt habe, ihr ähnlicher zu sehen oder sogar zum Verwechseln ähnlich zu sein.»

Bis zur sechsten Klasse haben beide gemeinsam ihre Hausaufgaben erledigt. Später hat jede das gemacht, was und wie sie es für richtig hielt. Regina: «Vielleicht liegt das auch daran, daß wir zweieiige Zwillinge sind.»

Bis zur Förderstufe hatten sie durchweg dieselben Noten.

Ab der siebten Klasse entwickelten sie sich auseinander. Gabi fand ihren Ausgleich in ihrem Hobby, den Pferden. Das wirkte sich aus Reginas Sicht auch positiv auf die Schule aus. Regina war in dieser Zeit mehr mit älteren Jugendlichen zusammen, ging abends öfter weg, die Schule wurde ihr unwichtig.

Ihr Freizeitverhalten entwickelte sich demnach in diesem Alter auseinander. Regina war mit Freund und Clique unterwegs, und Gabi saß auf dem Rücken der Pferde. Gabi wollte spielen, lesen, im Konflikt konnte sie auch draufschlagen und Regina boxen. Regina hörte lieber Kassetten, konnte eher mal dasitzen und nichts tun oder schlafen.

Als jüngere Kinder spielten sie zwar noch häufig gemeinsam, bei schönem Wetter aber waren draußen so viele Nachbarskinder, daß sie nicht darauf angewiesen waren, nur miteinander zu spielen.

Gabi: «Ja, wenn unsere Eltern sich mehr um uns hätten kümmern müssen, wären wir vielleicht viel mehr Zwillinge geworden. Wir hatten ein offenes Elternhaus. Es waren immer viele Leute da. Uns haben viele Leute geprägt.»

Regina: «Also, was mir jetzt bei dem Gespräch klar wird, wir haben uns schon jeder in eine andere Richtung entwickelt. Es gibt bei uns eine Rivalität, die nicht da wäre, wenn wir nur Geschwister wären.»

Gabi glaubt, daß sie sich sicher besser vertragen hätten, wenn sie ähnlicher gewesen wären. Dennoch glauben beide, toleranter als andere Geschwister miteinander umzugehen, weil sie eben doch Zwillinge sind. Als normale Geschwister hätten sie sicher eine noch härtere Haltung dem anderen gegenüber.

Getrennte Freunde – ein Problem für deren Eltern?

Als Kinder tauschten sie oft die Freundinnen aus, erst war es etwa Reginas Freundin, dann Gabis oder umgekehrt. Sie hatten also schon früh jede eine Freundin, die aber im Prinzip noch austauschbar war. Häufig spielten sie zu viert zusammen.

Gabi und Regina erinnern sich, in der ersten und zweiten Klasse zu Kindergeburtstagen immer gemeinsam eingeladen worden zu sein. Wenn also Gabis Freundin Geburtstag hatte, wurde Regina auch eingeladen und umgekehrt. Die Eltern des Geburtstagskindes glaubten, dies aus Gerechtigkeitsgründen tun zu müssen, oft gegen den Willen

Geld und Sparen ...

... gehören wie Zwillinge unzertrennlich zusammen.
Richtig glücklich sind sie erst, wenn sie beieinander sind.

Pfandbrief und Kommunalobligation

**Meistgekaufte deutsche Wertpapiere - hoher
Zinsertrag - schon ab 100 DM bei allen Banken
und Sparkassen**

Verbriefte Sicherheit

des einladenden Kindes. Das führte auf dem Fest selbst für den weniger geliebten Zwilling manches Mal zu Konflikten. Er spürte weniger Zuwendung vom Geburtstagskind, fühlte sich in der Situation als Anhängsel.

Ihre eigenen Geburtstage feiern Gabi und Regina heute getrennt, da die Freundeskreise zu unterschiedlich sind. Die Zwillingsschwester ist aber eingeladen.

Sind wir eigentlich Zwillinge?

Sie stellen immer wieder fest, etwas ganz Besonderes zu sein, weil sie so verschieden sind. Regina: «Weil wir eigentlich Zwillinge waren, uns aber zum einen gar nicht ähnlich gesehen haben und dann auch so unterschiedliche Freizeitgestaltungen entwickelt haben. Ich kann mir vorstellen, wenn wir die gleichen Kleider anhätten und noch die gleiche Haarfrisur hätten, dann würden vielleicht die anderen noch denken, das sind Zwillinge.»

Gabi: «Das Zwillingsdasein, in dem beide absolut gleich auftreten, ist ja auch irgendwo attraktiv. Diese Gags, diese Streiche, die man da machen kann. Ich kann mir vorstellen, daß man sich das auch manches Mal gewünscht hat.»

Sie kannten aus der Schule eineiige Mädchen, und Gabi empfand dies auch wieder als abschreckendes Beispiel, weil «keine von beiden die Möglichkeit hatte, sich anders zu entwickeln, obwohl wir gemerkt haben, daß sie verschieden sind. Aber sie waren aufeinander angewiesen. Sie hatten sonst niemanden.»

Als Zwilling benachteiligt?

In der Familie hatte sich für Gabi und Regina das Zwillingsdasein zweimal zum Nachteil ausgewirkt: Ihnen wurden erst spät Fahrräder gekauft, weil zwei Räder eben teuer waren, es aber zwei sein mußten. Und im Austausch mit einer amerikanischen Schülerin, die bei ihnen für sechs Wochen gewohnt hatte, durfte keine von ihnen nach Amerika fliegen. Für zwei reichte das Geld nicht.

117

Gabi und Regina haben sich die Sympathien zu den beiden älteren Schwestern aufgeteilt. Gabi versteht sich besonders gut mit der ältesten Schwester, die äußerlich ihrer Zwillingsschwester sehr ähnlich ist, während Regina eine engere Beziehung zu der um vier Jahre älteren Schwester hat, die aussieht wie Gabi.

Auch die Eltern haben nach Einschätzung der Zwillinge ihr bevorzugtes Kind aus der Zwillingsgemeinschaft. Nach Einschätzung beider hat der Vater eine Vorliebe für Gabi. Gabi sollte der Junge werden. Regina: «Gabi ist auch ein bißchen mehr ein Junge geworden. Der Vater kam mit ihrer Art oft besser zurecht. Gabi kann sich auch jetzt noch wesentlich mehr erlauben als ich.»

Regina glaubt, mehr Kontakt zur Mutter zu haben.

Gabi: «Ein Kind merkt halt, wie es am besten die Liebe der Eltern erreicht. Wenn der Vater sich halt einen Jungen wünscht, dann versucht man, ihm auch gerecht zu werden.» Diese Rolle schien eher dem Wesen Gabis zu entsprechen bzw. sie wurde dadurch geprägt.

Regina suchte eher die Nähe der Mutter, war eher zu Hause. Diese schätzt offenbar bei Regina Eigenschaften, die sie bei Gabi nicht so sieht. Das engere Vertrauen zwischen dem Vater und Gabi wirkt sich heute noch so aus, daß Gabi ohne Bedenken das Familienauto fahren darf – Regina dagegen nicht. Obwohl Regina bereits seit mehr als sechs Monaten ein eigenes Auto fährt, ist Vaters Vertrauen in Gabis Geschick größer.

Gabi: «Das ist halt auch Reginas Art, die einen zur Weißglut bringen kann. Wenn ich mit dem Auto abends wegfahren würde, ich würde das Licht nie anlassen. Der Regina kann man das zehnmal sagen, und sie läßt es immer noch an.»

Dennoch ist es Gabi manchmal unangenehm, und sie spricht für Regina beim Vater, daß sie das Auto nehmen kann.

Reginas heimliche Rache an Gabi

Es gibt Situationen, in denen Regina viel Wut gegen ihre Zwillingsschwester entwickelt.

Warum passiert es Regina, daß sie von Gabi ausgeliehene Dinge
verlegt oder sie ihr kaputtgehen?

Gabi leiht immer wieder aus, aber bittet, damit sorgfältig umzugehen und es später wieder zurückzulegen. Geschieht dies nicht, erfährt nach Reginas Wahrnehmung die ganze Familie Gabis Protest:
«Ich bin dann wieder meiner Rolle als Schlampe gerecht geworden,
und Gabi hat ihre Bestätigung.» Gabi nimmt der Mutter übel, daß
sie ihr in solchen Fällen keine Unterstützung zukommen läßt.

Was den Umgang mit ihren Freundinnen und ihre berufliche Arbeit angeht, beschreibt sich Regina als sehr korrekt. «Die ‹Schlampe›
ist nur hier meine Rolle, die ich auch solange habe, wie ich hier
wohne.» Sie will nach Freiburg ziehen und sich damit auch aus ihrer
Rolle als «Schlampe» innerhalb der Zwillingsgemeinschaft befreien.
Gabi meint zur bevorstehenden Trennung von Regina: «Bei meiner
anderen Schwester hat es mir nicht so viel ausgemacht. Was heißt
ausgemacht? Jetzt mache ich mir schon mehr Gedanken. Na ja, es ist
ja schon ein komisches Gefühl.»

Einige Überlegungen zur Geschichte von Gabi und Regina

Sind sie nun Zwillinge oder sind sie keine? Sie sind von derselben
Mutter am selben Tag geboren, also sind es Zwillinge. In gewisser
Weise fühlen sie sich auch als solche. Aber immer wieder relativie-
ren sie ihren Status, weil sie eben nicht das sind, womit sich Wissenschaftler in der Literatur und Journalisten in der Presse befassen: die
eineiigen, gleichen, verwechselbaren Zwillinge, die – wie Gabi und
Regina in der Schule beobachtet haben – eigentlich gar nicht so
gleich sind, aber irgendwie in dem Bild von der Gleichheit gefangen
schienen. Es waren Neid auf der einen und ein starkes Abgrenzungs-
bedürfnis auf der anderen Seite, was sie mit diesem Zwillingstypus
verband.

Immerhin lebten sie über viele Jahre trotz unterschiedlichen Aussehens sehr gleich: Kleidung, Kindergartengruppe, Schulklasse, Noten, Krankheiten, Menstruationsbeginn. Erst ab der Pubertät wählten sie unterschiedliche Wege. Auch wenn bislang vor allem äußere Bedingungen gleich gestaltet waren, Regina und Gabi wollten nie gleich sein. Anders als Steffi und Susi aus der vorherigen Geschichte, die diese Gleichheit leben wollten.

Im Bewußtsein von Regina und Gabi war immer deutlich: wir sind zweieiig, also sind wir verschieden. Ihre Gleichgeschlechtlichkeit hat es ihnen allerdings nicht leicht gemacht, dies auch nach außen darzustellen. Es ist vermutlich sehr verführerisch, die beiden gleich haben zu wollen.

Die zweieiige gleichgeschlechtliche Zwillingspaarung ist sehr kompliziert, konflikthaft und rivalisierend. Die Beispiele heimlicher Rache von Regina und Gabi deuten dies an.

Regina und Gabi haben sich sehr auseinanderentwickelt – zum Teil in gegensätzliche Richtungen, und sie haben diese Unterschiedlichkeiten in ihrem Bild des Mädchen- und Zwilling-Seins untergebracht. Regina: «Wir mußten schon sehen, wie wir es anstellen, damit das auch deutlich rauskommt, daß wir unterschiedlich sind.»

Entscheidend mitgeprägt wurden die beiden in ihrer Individualität durch ihr subjektives Empfinden, ein «Vater-Zwilling» oder «Mutter-Zwilling» zu sein. Damit verbunden formulierten sie Erwartungshaltungen des jeweils näherstehenden Elternteils, die sie zu erfüllen versuchten.

Und hier noch ein Nachtrag aus einem Gespräch mit der Mutter von Gabi und Regina. Die Mutter meint, wegen der besonderen Belastung durch die Zwillinge in den ersten Jahren die vier Jahre ältere Tochter vernachlässigt zu haben: «Ich weiß heute gar nicht mehr, wo sie eigentlich war.»

Sie achtete darauf, daß es den Zwillingen gutging, die beiden anderen kamen zu kurz. Die jetzt Mittlere, die plötzlich durch zwei Kinder aus ihrer Rolle der Jüngsten verdrängt wurde, konnte auch nicht in den Kindergarten. «Wie hätte ich sie denn hinbringen können, ich hätte ja die Zwillinge allein lassen müssen.»

Und später sagte diese Mutter: «Wenn ich damals gewußt hätte, was ich heute weiß, ich hätte mich mehr um die damals vierjährige Tochter gekümmert.» Sie wurde zum Sorgenkind der Familie.

Ich habe diese Erfahrung hier festgehalten, weil ich aus unserer Familie weiß, wie schwer es ein älteres Geschwister von Zwillingen hat, mit seiner Situation klarzukommen. Die Sorge und Aufmerksamkeit der Mutter bzw. der Eltern dreht sich um die Zwillinge.

Helmut und Gertrud. Oder: Sind besondere Rücksichten nötig?

Die beiden sind 37 Jahre alt. Helmut lebt allein in Frankfurt, er ist Betriebswirt. Gertrud ist von Beruf technische Assistentin für naturwissenschaftliche Museen und Forschungsinstitute und für Elektronenmikroskopie. Sie ist in Basel verheiratet, hat zwei Töchter und ist zur Zeit Hausfrau.

Helmut und Gertrud verbrachten ihre Kindheit bis zum neunten Lebensjahr in einem Dorf in Bayern, in das es die Eltern mit ihrem Flüchtlingsschicksal zunächst mit dem fünf Jahre älteren Bruder und der acht Jahre älteren Schwester verschlagen hatte, bevor 1948 die Zwillinge geboren wurden.

Helmut und Gertrud haben ihre Erinnerungen unabhängig voneinander beschrieben. So war gegenseitiges Erinnern nicht möglich.

Getrennte Spielerfahrungen

Im Haus haben Helmut und Gertrud als kleine Kinder miteinander oder – bei unterschiedlichen Vorlieben, etwa mit dem Baukasten und der Puppe – nebeneinander gespielt. Später waren sie auch beim Kartenspiel zusammen.

Helmut beschreibt die unterschiedlichen Spielinteressen, denen sie als Kind außerhalb des Hauses nachgehen konnten. Gertrud schloß sich eher dem Spiel größerer Mädchen an. Sie spielten mit dem Ball oder dem Seil. Dies interessierte Helmut weniger, und er war hier auch ungeschickt. Er spielte mit den anderen Jungen im Dorf, stromerte durch die Gärten oder spielte auf dem Feld. Für ihn gab es ständig Neues zu entdecken. Seine Schwester beteiligte sich bei diesen Streifzügen nicht.

Gleiches gab es nicht – sie mußten teilen

In der Notsituation, in die Helmut und Gertrud hineingeboren wurden, gab es keine Möglichkeit, gleiche Spielsachen oder Kleidungsstücke anzuschaffen. Da waren die Eltern froh, das Notwendigste zu haben. In Gertruds Erinnerung mußten sie als Kinder vieles teilen. Ihr gehörte nie ein Eis allein, eine Tafel Schokolade oder etwas zum Spielen. «Alles war nur für *uns*, nie für *mich*.»

Beziehung zu den Eltern

Gertrud glaubt, daß die Eltern Unterschiede gemacht haben in der Erziehung von ihr und ihrem Zwillingsbruder und daß sie ihre Zuneigungen unterschiedlich verteilten: «Das macht sich für mich an Einzelerlebnissen bemerkbar. Helmut hat zum Beispiel Schläge bekommen. Ich wurde dagegen nie körperlich bestraft. Als Kind meint man: mich hat die Mutter oder der Vater lieber. Ob man das überhaupt wirklich so sagen kann, das kann ich nicht beurteilen.»

Selbsteinschätzung am Zwilling orientiert

Früher machte es Gertrud stolz, später wurde es ihr zum Verhängnis – sie war das Vorbild für ihren Zwillingsbruder. Sie war fromm, sauber, hilfsbereit, in der Grundschulzeit war sie die bessere Schülerin. Ihre Selbsteinschätzung war von Kindheit an hauptsächlich relativ zu Helmut aufgebaut. Sie glaubt, sich dadurch ständig selbst überschätzt, sich selbst ganz toll gefunden zu haben.

«Ich konnte alles, ich war in der Schule besser, und ich habe erst sehr viel später als Erwachsener mühsam lernen müssen, daß auch ich nicht so vollkommen bin, daß es ganz andere Orientierungen gibt als nur den Zwilling.»

Durch den Zwilling in der eigenen Entwicklung beeinträchtigt?

In der Kindheit waren die Zwillinge für fast ein Jahr getrennt, weil Helmut wegen eines Lungengewächses in Berchtesgaden behandelt werden mußte. Gertrud weiß heute nicht mehr, ob sie unter dieser Trennung damals litt.

Etwas anderes war in Gertruds Erleben viel schlimmer: «Ich durfte wegen Helmuts Krankheit nicht in die erste Klasse, obwohl ich mir nichts sehnlicher wünschte, als in die Schule zu gehen. Irgendwie war Helmut einfach als Zwilling doch ein Klotz am Bein für mich. Ich konnte damals natürlich überhaupt nicht verstehen, welche Rücksichten da nötig sind und welche nicht. Für mich war es einfach: Ich darf nicht, weil Helmut krank ist.»

Gertrud glaubt, daß ihr das Gymnasium versperrt blieb, weil Helmut es nicht geschafft hätte. Wie kann ein Mädchen das Gymnasium besuchen, wenn der Zwillingsbruder die Realschule besuchen soll?

«Daran habe ich noch lange gekaut. Ich weiß nicht, ob Helmut diese auf Ausbildung bezogene Gleichschaltung überhaupt wahrgenommen hat.»

Während die beiden in der Grundschule in der gleichen Klasse waren – in der Dorfschule gab es keine Alternativen dazu –, waren sie in der Realschule getrennt. Damals wurden in den weiterführenden Schulen die Jungen von den Mädchen getrennt unterrichtet. Zu dieser Zeit verbesserte sich Helmut zusehends in seinen schulischen Leistungen, er hatte durch anfänglich lange Schulversäumnisse in der Grundschule zunächst Lücken schließen müssen. Getrennte Klassen ließen auch die ständigen Vergleiche nicht mehr zu. Verschiedene Lehrer, die unterschiedlich beurteilten, forderten auch von den Eltern, die Zwillinge in ihrem schulischen Werdegang unabhängig voneinander zu sehen.

Mit den unterschiedlichen Klassen entwickelten sich auch eigene Freundschaften. Aus Gertruds Sicht hat das Interesse aneinander in diesem Alter sehr nachgelassen. In den folgenden Jahren gab es Phasen, in denen sie ein engeres Verhältnis zur älteren Schwester oder zum älteren Bruder hatte als zu ihrem Zwillingsbruder. Ab der Pubertät wohnten sie auch nicht mehr in einem Zimmer.

Wenn auch die Eltern mit ihrem Sprachgebrauch oft Zwillings-Gemeinsamkeit zu signalisieren suchten, versteckte sich darin doch oft Unterschiedliches. Helmut berichtet davon, daß es natürlich hieß: «Die Zwillinge verreisen mit der Gemeinde.» In der Tat verreisten sie zum gleichen Zeitpunkt, aber in verschiedene Freizeiten, weil diese für Jungen und Mädchen getrennt organisiert wurden.

Nach der Realschulreife erlernten sie beide einen Beruf, von dem aus sie sich mit Studium bzw. Zusatzausbildungen weitere Qualifikationen erarbeiteten.

Benachteiligungen nicht dem Zwilling übelgenommen

In der Rückschau resümiert Gertrud: «Die negativen Erfahrungen aus dem Zwillingsdasein habe ich lange Zeit als schlimm empfunden. Immer die älteste Schülerin der Klasse zu sein, weil ich das Jahr verloren hatte, und daß ich später nicht das Gymnasium besuchen durfte – das habe ich den Eltern übelgenommen; denn sie hatten es ja entschieden. Ich staune fast selbst darüber, daß ich nie Helmut dafür verantwortlich gemacht habe. Offenbar habe ich es doch richtig empfunden, daß Helmut überhaupt nichts dafür konnte. Heute nehme ich es niemandem mehr übel.»

Es ist schön, ein gleichaltriges Geschwister zu haben

Nachdem Gertrud mit 19 Jahren ausgezogen war, wurde die Beziehung zwischen Helmut und Gertrud wieder intensiver. Gertrud beschreibt ihr Verhältnis zum Zwillingsbruder heute als herzlich, liebevoll, freundschaftlich. Auch Helmut findet es schön, eine Zwillingsschwester zu haben. Er fühlt sich von ihr verstanden. Erst als Erwachsene verlebten sie ihren ersten gemeinsamen Urlaub.

Früher auf dem Dorf war ihre Zwillingsgemeinschaft etwas Besonderes. Heute ertappt sich Gertrud noch manches Mal dabei, ihr Zwillingsdasein anderen gegenüber als etwas Besonderes darzustellen. Sie ist stolz darauf. «Es ist eben doch immer noch was Besonderes, ein Zwilling zu sein.»

Das Verhältnis von Helmut zu ihrem Ehepartner beschreibt Gertrud als herzlich. Ihr Bruder ist auch ihrem Mann stets ein willkommener Gast. Probleme, die sich für ihn aus der Zwillingssituation von Gertrud ergeben könnten, waren bislang kein Thema.

Gertruds Fazit

Gertrud glaubt heute, daß sie von Beginn an hätte ihren eigenen Weg gehen dürfen ohne Rücksicht auf Geschwister, wäre Helmut älter oder jünger als sie gewesen. Sie ist froh, selbst nicht Zwillinge erziehen zu müssen, weil sie glaubt, daß es schwer ist, die Unterscheidungen zu machen, die man bei Geschwistern automatisch macht. Sie denkt, es ist wichtig, auf die Eigenschaften jedes Zwillings besonders einzugehen und nicht auf Kosten der Zwillingseinheit Begabungen und Neigungen einfach zu überspielen.

Einige Gedanken zur Geschichte von Helmut und Gertrud

Die beiden sind die Geschwister meines Mannes. In diese Geschichte sind aber nur die von den Zwillingen genannten Aspekte einbezogen. Auf Grund der getrennt festgehaltenen Erinnerungen von Helmut und Gertrud für den hier vorliegenden Bericht war ein Austausch unterschiedlicher Sichtweisen zwischen beiden nicht möglich.

Gertrud beschreibt die Höhen und Tiefen des Zwillingsdaseins besonders plastisch. In solchen subjektiven Erinnerungen kann sich die Realität der Vergangenheit auch einmal verschieben. So war der verspätete Schulanfang für Helmut durch seine Krankheit begründet. Bei der schulärztlichen Untersuchung wurde aber für Gertruds Zurückstellung plädiert, schon bevor Helmuts Krankheit erkannt war.

Die Geschichte dieses erwachsenen Zwillingspaares zeigt in ihrer Rückblende ähnliche Probleme auf, wie sie in den Gesprächen mit Eltern von Zwillingen der gleichen Paarkombination und eben auch unserer eigenen Situation dargestellt wurden. Auch hier bestätigt sich, daß das Mädchen in den ersten Jahren in der Regel ein schnelleres Entwicklungstempo hat und häufig der gesündere Zwilling ist. Der dadurch gewonnene Vorsprung führt, wenn die Eltern das Paar nach außen gleich behandeln, zu Ungerechtigkeiten, die zumindest für den dann benachteiligten Zwilling unverständlich bleiben. Ein dritter mag sie kaum spüren, aber die Paarbeziehung dürfte selten davon unberührt bleiben. Die Mädchen werden meist von Freunden sehr schnell als das süße Baby oder Kleinkind bevorzugt. Alle Mädchen aus den Zwillingspärchen dieses Buchs orientieren sich eher als der Bruder an den Erwartungshaltungen der Eltern und versuchen, mit bravem und ordentlichem Verhalten die Zuwendung der Eltern zu erlangen und sich damit in der Konkurrenz mit dem Zwillingsbruder eigene Vorteile zu verschaffen.

Gertrud beschreibt, wie mühevoll es später für sie war, diese Festschreibung wieder abzulegen.

Die Freiheiten und individuellen Gestaltungsmöglichkeiten, die das Dorf Helmut und Gertrud damals bot, erlaubte es ihnen, ohne sich gegenseitig zu behindern, sehr unterschiedliches Spielverhalten auszuleben, ohne aufwendiges Spielmaterial zu benötigen.

Als Ehemann mit einem Zwilling leben *

Spektakuläre Probleme können wir keine bieten, keine jedenfalls, die ihren Grund darin hätten, daß Hanna einen Zwillingsbruder hat – zumal der sichere 150 Kilometer entfernt wohnt. Und doch ist die Tatsache, daß Hanna ein Zwilling ist, oft präsent, mehr in meinem Empfinden und Interpretieren als in dem ihren. Mag sein, daß es manchmal nur eine bequeme Erklärungsschablone ist, mit der von anderen, weniger schicksalhaften Konfliktursachen abgelenkt werden kann, sicher ist es manchmal auch mehr. Drei Aspekte sind wohl besonders wichtig.

* Diesen Text eines «Betroffenen» habe ich ohne Veränderung übernommen.

Was Teilen so schwierig macht

Mir liegt als mit Abstand jüngstem von drei Brüdern viel daran, «mitspielen zu dürfen», mitzumachen und mitzuteilen. Hanna weist manche Angebote, eine Arbeit, ein Vergnügen, eine Verantwortung zu teilen, zunächst resolut zurück. Offenkundig hat sie Wichtiges zu oft teilen müssen, um nicht auf Eigenständigkeit (vor sich und anderen) großen Wert zu legen.

Und als Mädchen im gemischten Zwillingspaar war – in ihrem Empfinden – ihre «Hälfte» oft die minderwertigere. Jedenfalls steht sie immer wieder unter dem Druck, sich zu beweisen, daß sie es selbst kann und ebenso gut wie die größeren «Brüder».

Mich macht es irgend etwas im Spektrum zwischen traurig und wütend, daß es so ist – immer wieder. Schrittweise nur lernen wir, damit umzugehen und darüber zu lachen. Hanna merkt, daß nicht jedes Angebot, etwas gemeinsam zu machen, ein verdeckter Angriff auf ihre Selbständigkeit ist, und sie läßt zunehmend dem bei ihr natürlich auch vorhandenen Wunsch nach geteiltem Alltag die Oberhand. Ich lerne, daß in manchem Hilfsangebot doch auch ein Machtanspruch steckt, ein «wenn ich – als Ältester, als Mann – da mitmische, dann wird das nicht nur anders, sondern auch besser, als wenn du das allein machst».

Da gibt es eine unvergleichbare Intimität

Einmal kam der Zwillingsbruder, als wir in einem wichtigen Konflikt steckten. Wir gingen zu viert spazieren. Die Zwillinge setzten sich ab, blieben irgendwo stehen, eng umschlungen, ein Bild wie zur Eifersucht gemacht. Sie gingen den Weg weiter, kein Mensch, der sie nicht für ein Liebespaar gehalten hätte. Später am Abend, Hanna ist einige Zeit weg, werde ich vom Zwillingsbruder befragt, belehrt, ermahnt . . . Zum Glück habe ich dann so laut und deutlich aufgeheult, daß den beiden auch etwas klar geworden ist. Und doch, das Bild geht mit mir.

Klar, male ich mir aus, die beiden haben schon vor der Geburt neun Monate ihr Leben geteilt, und danach, bei all den prägenden Erfahrungen der ersten Jahre, da gab es sie nie allein. Das war gar nicht immer nur schön. Hanna mußte mit der ersehnten Einschulung warten, bis der weniger schulbegeisterte Zwillingsbruder auch für schulreif erklärt wurde.

Wie soll eine Liebesgeschichte diese Intimitätsgeschichte aufholen. Aber warum sollte sie konkurrieren?

Das Eifersuchtsdrama wäre bei gleichgeschlechtlichen Zwillingen sicher weniger spürbar. Aber gerade auch in dieser Konstellation geht es darum, die Einmaligkeit und Unverwechselbarkeit der beiden Geschichten wahr sein zu lassen. Und vielleicht lerne ich da im Umgang mit der Eifersucht auf den Zwillingsbruder etwas, was nicht nur dafür sinnvoll zu lernen ist.

Die selbstverständliche Offenheit

Zwilling sein, das heißt ja wohl auch, in allen Tabubereichen nicht allein gewesen zu sein: nebeneinander auf dem Topf, zwei im selben Wagen, im selben Bett ... Ist es das, was Hanna mir so überlegen darin macht, Wünsche zu zeigen, Körpersprache zu sprechen, Gefühle offenzulegen, ohne Angst, daß sie überschwemmen?

Als Zwilling lernt man wohl notgedrungen, daß man seine Gefühle laut äußern muß, gegebenenfalls lauter als der andere, um auch einmal zuerst dran zu sein.

Und wahrscheinlich lernt man auch, nicht allzu traurig zu sein, wenn es doch nicht klappt. Enttäuschungen einstecken können, das ist für Zwillinge wohl auch so ein überlebensnotwendiges Lernpensum.

Und wie wohltuend ist es, neben jemandem zu leben, der das kann, ohne gleichgültig zu werden oder stumm.

Was besser ist, unterm Strich? Ich weiß es nicht. Ich war jedenfalls erleichtert, als uns der Ultraschall verriet, daß Hanna keine Zwillingsschwangerschaft hat.

Kapitel 4

Zwillinge im Kindergarten

«Im Kindergarten und in der Schule ist jeder Partner ein Kind unter vielen und muß seine eigenen Erfahrungen im Umgang mit den anderen Kindern machen ... Das gibt ihnen die Chance, die Erfahrungen des Verlierens oder Gewinnens und die Konfrontation mit anderen Meinungen zu machen. Sie können sich so nicht auf eine Überlegenheit zurückziehen, die sie durch gemeinsames Auftreten vielleicht schon kennengelernt hatten.» (Schlieben-Troschke 1981, S. 204)

«Als wichtigste pädagogische Aufgabe kann bei Zwillingen das Durchbrechen der Isolation, das Herstellen von Außenkontakten sowie jede Vermeidung des Zwillingsstereotyps angesehen werden.» (betrifft: erziehung 1984, S. 56)

Wenn Zwillinge in den Kindergarten kommen, sind sie drei Jahre oder älter. Das bedeutet, die Familie hat mit ihrer besonderen Situation, mit den Belastungen, Problemen und Freuden eine dreijährige gemeinsame Geschichte, die auch die Mutter und ihre Haltung den Zwillingen gegenüber geprägt hat. Ihre Probleme und ihre Überforderung sind für Außenstehende, auch für Erzieher, oft nur schwer nachvollziehbar.

Die beiden Zitate am Anfang dieses Kapitels benennen das vorherrschende Thema, wenn es um Zwillinge im Kindergarten geht: die Trennung.

Beides, die Unsicherheit der Erzieher im Umgang mit den Eltern, meistens der Mutter, und die Frage, ob und wann Zwillinge in getrennten Gruppen betreut werden sollen, sind die Themen, mit denen sich die Erzieherinnen vor allem auseinandersetzen müssen.

In Büchern ist dazu bisher wenig zu finden. Meine Kollegin Elise Weiss-Zimmer hat zu diesem Problem die Erzieherinnen des Kindergartens befragt, in dem neben meinen Zwillingen, Hannah und Jonathan, drei weitere Zwillingspaare betreut werden. In Gesprächen mit anderen Erzieherinnen habe ich das Material ergänzt, das die Grundlage für dieses Kapitel bildet, in dem sie mit einigen ihrer Erfahrungen, Überlegungen und Fragen zu Wort kommen.

Kann die Erzieherin sich in die Zwillingssituation einfühlen?

Die meisten Erzieherinnen haben eigene Geschwistererfahrungen oder wissen zumindest aus dem engen Verwandten- oder Freundeskreis, wie Geschwister miteinander umgehen. Wenn zwei Geschwister in einer Gruppe sind, kann die Erzieherin sich vermutlich recht gut in die Situation beider einfühlen. Sie kann auf Grund ihrer Beobachtungen für sich entscheiden, ob zum Beispiel eine Trennung sinnvoll ist, um dies dann mit den Eltern zu diskutieren.

Erzieherinnen wissen vermutlich auch, was es heißt, die Nähe, Zuverlässigkeit, das Vertrauen, die Zuneigung einer engen Freundin zu erleben und zu spüren. Sie können sich deshalb gut einfühlen in die Situation, in der sich enge Freunde oder Freundinnen etwa beim Eintritt in den Kindergarten gegenseitig helfen. Man ist nicht allein, der andere fühlt ähnlich. Die Erzieherinnen haben auch schon erlebt, wie solche Freundschaften zum Gefängnis werden, wenn nämlich ein Kind über diese Freundschaft hinauswächst und dann plötzlich von dem anderen festgehalten wird. Oder wenn zwei Freundinnen von der Kindergruppe als Quasi-Zwillinge behandelt werden, weil sie anfangs stark aufeinander fixiert waren bis hin zur manchmal deutlich werdenden Angleichung ihrer Gefühle. Die beiden wurden von den anderen Kindern in dieser Zeit gemeinsam angesprochen, und sie suchten von sich aus wenig neue Kontakte, sie hatten ja sich.

In solchen Situationen hat die Erzieherin die Sicherheit zu intervenieren, wenn sie es für richtig und nötig hält.

Aber nur die wenigsten Erzieherinnen sind als Zwilling geboren und aufgewachsen. Sie können im Umgang mit Zwillingen nicht auf eigene Erfahrungen zurückgreifen und werden nur gar zu oft von dem Mythos geblendet, der sich um das Zwillingsdasein rankt. Dies macht sie in ihrem pädagogischen Handeln in bezug auf die Zwillinge oft unsicher.

Dennoch: Ist die beschriebene Situation enger Freundschaften der eines Zwillingspaares nicht sehr nahe? Natürlich sind das alles Besonderheiten: das gemeinsame Leben der Zwillinge in gleicher Familie, ihr gleiches Alter, die (möglicherweise) gleichen Erbanlagen und die besondere Nähe, die sich daraus ergibt. Bei einer starken Fixierung innerhalb der Zwillingsgemeinschaft ist zudem häufig eine deutliche Sprachverzögerung zu beobachten, weil Kontakte mit dritten wenig geübt sind.

In unseren Gesprächen ergab sich, daß die Erzieherinnen beim Eingehen auf Zwillinge besonders das Quasi-Symbiotische in den Beziehungen sehen, was sie allmählich auflockern möchten.

Sie berichten zum Beispiel von einem eineiigen Jungen-Zwillingspaar, das stets gleich gekleidet ist und nur gemeinsam auftritt. Auch neue Freunde suchen sie sich gemeinsam. Wird einer von ihnen von einem dritten Kind angesprochen, wird es im Spiel nur akzeptiert, wenn der andere Zwilling auch damit einverstanden ist. Eine andere Erzieherin berichtet von den zweieiigen Zwillingsjungen aus ihrer Gruppe, deren Namen von den Kindern wie ein Doppelname gesprochen werden. Sie haben keine Freunde. Sie sind zwar in ihren Neigungen sehr verschieden, hindern sich aber gegenseitig, ihren Vorlieben in der Gruppe nachzugehen, weil die des anderen nicht dazupassen, die Gemeinsamkeit aber um keinen Preis aufgegeben wird.

Die gleiche Kleidung verstärkt den Eindruck der besonderen Nähe zueinander. Solch enge Paarbindungen ziehen oftmals aggressives Potential aus der Gruppe auf sich, oder das Paar selbst verhält sich aggressiv.

Eine Erzieherin berichtet von ihren Kindheitserlebnissen mit der dreizehn Monate jüngeren Schwester. Sie begannen erst, sich besser zu vertragen, als Freundinnen diese Zweisamkeit belebten und sie daher nicht mehr so viel zusammen zu spielen brauchten, dann aber am Abend gern wieder beieinander waren.

Warum sollte das bei einem Zwillingspaar nicht ähnlich sein? Daß neue Erfahrungen, eine Trennung für wenige Stunden am Vormittag nicht auch die Beziehung zum Zwillingspartner neu belebt? Auch die Nähe braucht Distanz!

«Ich bin Erzieherin *eines* Zwillings»

«Ich möchte den anderen Zwilling gar nicht so genau kennenlernen. Ich will mich nur auf Jonathan konzentrieren können», so reagierte seine Erzieherin – wie in unserer Geschichte beschrieben – auf unsere Neigung, ihn immer wieder mit Hannah zu vergleichen. Sie ist der Anwalt *eines* Zwillings, kann ihn mit seiner Individualität sehen und fördern, ohne gleichzeitig auf den zweiten Zwilling Rücksicht zu nehmen. Die ständigen Vergleiche und Typisierungen zur Abgrenzung der beiden bleiben aus. Der Zwilling wird eher als «normales» Kindergartenkind betrachtet.

Ähnlich wie die Eltern nach der Geburt zu zwei Kindern gleichzeitig eine eigene Beziehung aufnehmen müssen, so ist dies auch die Anforderung an die Erzieherin, wenn beide Zwillinge in ihre Gruppe kommen. Dies kann sie in Konflikte bringen, so etwa, wenn sie sich nicht eingestehen will und darf, daß sie zu einem der Zwillinge einen intensiveren Kontakt aufbauen konnte. Wir haben in der Geschichte von Sergio und Maurizio gesehen, wie schwierig die gleichzeitige Kontaktaufnahme für die Mutter sein kann und daß sie glaubt, dies nach außen kaum zugeben zu dürfen. In dieser Familiengeschichte ist auch beschrieben, wie aus der Sicht der Mutter die Erzieherin in dem gleichen Dilemma ist und Maurizio weniger Zuneigung empfängt als Sergio. Diese Zwillinge rivalisieren – wie alle anderen auch – um die besondere Zuwendung des Erwachsenen. Sie verwickeln die Erzieherin wie anfangs die Mutter in die gleichen Konflikte.

Hier soll jedes Kind es selbst sein können – Entwicklungsaufgabe des Kindergartens

«Wenn wir sagen: die Zwillinge haben heute das gemacht ... Das stelle man sich einmal vor. Was heißt das eigentlich? Die Zwillinge können gar nichts machen. Sondern es kann das Kind A etwas getan haben oder im besten Fall das Kind B dasselbe getan haben. Aber die Zwillinge – was ist das?»

Diese Erzieherin macht damit auf die Worthülse aufmerksam, hinter der ein unpersönliches Wesen versteckt ist. Aufgabe des Kindergartens wäre es, aus einem häufig zu engen, auf Paarbezogenheit konzentrierten Familienklima den beiden Kindern ein bißchen herauszuhelfen, sie in neuen sozialen Kontakten und Beziehungen erleben zu lassen, daß sie jemand sind, für sich stehen lernen und sich nicht immer nur als die Hälfte eines Ganzen fühlen.

Die Erzieherinnen sehen ihren Auftrag in der Unterstützung des Entwicklungsverlaufs bei *jedem* Kind. Sie glauben, diese Aufgabe nur unvollkommen wahrnehmen zu können, wenn eine zu starke Fixierung innerhalb eines Zwillingspaares zu gegenseitigen Blockierungen führt. Sie wollen Einzelpersonen zu mehr Selbständigkeit und Eigenständigkeit erziehen. Alle Kinder müssen sich allmählich aus engen Grenzen lösen, um wer zu sein in der Welt. Das schiebt sich nach ihrer Wahrnehmung bei eng geschlossenen Zwillingspaaren immer weiter hinaus. Aber es bleibt ihnen wohl kaum erspart.

Die Beratung von Zwillingseltern

Findet die Mutter mit ihrer besonderen Situation, mit ihren Problemen und extremen Belastungen Verständnis bei den Erzieherinnen? Wenn die Erzieherinnen wahrnehmen und nachvollziehen, daß eine Mutter von Zwillingen oftmals überfordert ist, kann das von ihnen leicht so gedeutet werden, als sei die Mutter der Situation nicht gewachsen.

Gibt es zwischen der Mutter und der Erzieherin, die beide Zwillinge in der Gruppe betreut, eine versteckte Rivalität um die Rolle der «guten Mutter»?

Es ist für Erzieherinnen kaum nachvollziehbar, wie schwer es der Mutter fällt, die Trennung der Zwillinge in verschiedene Gruppen zu ertragen.

Die Erfahrung der Erzieher zeigt, daß die Eltern von Zwillingen meist mit klaren Vorstellungen darüber in den Kindergarten kommen, ob ihre Kinder in einer Gruppe oder getrennt betreut werden sollen.

Die Argumente der Eltern für eine Gruppe sind:
– Was zusammengehört, soll nicht getrennt werden.
– Die Kinder waren bisher immer zusammen, und sie befürchten eine Überforderung in der neuen Situation, neben der Loslösung von den Eltern gleichzeitig die Trennung vom Zwillingsgeschwister zu verkraften.

Wenn die Eltern für eine Trennung sind, dann meist deshalb, damit
– die Zwillinge nicht so sehr aufeinander fixiert bleiben und eher unabhängig voneinander werden;
– sie sich nicht möglicherweise in ihrer Entwicklung gegenseitig blockieren;
– jeder für sich Freunde finden kann;
– sie getrennte Erfahrungen sammeln können;
– sie nicht als Besonderheit auffallen;
– jeder seine eigene Bezugsperson findet.

Bei der Betrachtung dieser Begründungen wurde den Erzieherinnen deutlich, daß die Befürworter einer stärkeren Individualisierung eher pädagogisch argumentieren, was die Erzieherinnen mit ihrem Sachverstand gut nachvollziehen können. Wenn Eltern ihre Zwillinge lieber in einer Gruppe sehen, argumentieren sie eher auf einer emotionalen Ebene, die für die Erzieherinnen schwerer nachvollziehbar ist. Aber gerade wenn sie noch keine Erfahrungen mit Zwillingen in ihrer Gruppe sammeln konnten, werden auch sie von dem Mythos, der in den eher emotionalen Argumenten mitschwingt, beeinflußt und fühlen sich von der besonderen Anforderung herausgefordert.

Es gibt keine eindeutige, auf jede Situation anwendbare Richtlinie. Eine solche würde mit Gewißheit den konkreten Zwillingsgeschwistern, ihren Eltern und den konkreten Erzieherinnen mit ihrer eigenen Sicht und mit ihrer Gruppensituation nicht gerecht.

Für die Erzieher waren *folgende Fragen* bedeutsam, deren Beantwortung ihnen hilft, die konkrete Situation einzuschätzen:
- Wie alt sind die Zwillinge?
- Haben sie Geschwistererfahrung?
- Haben sie bereits Freunde in bestimmten Gruppen?
- Haben sie Spielkreiserfahrung?
- Worauf legen die Eltern in der Erziehung besonderen Wert?
- Welches Bild von ihren Zwillingen haben die Eltern?
- Welche Trennungserfahrungen innerhalb der Zwillingsbeziehung liegen bereits vor?
- Welche Erwartung haben die Eltern an den Kindergarten?
- Werden die Kinder halbtags oder ganztags im Kindergarten betreut?
- Was löst der Gedanke bei mir aus, Zwillinge in meiner Gruppe zu betreuen?

Alle Erzieher meinten einhellig, viel zu wenig über die ersten drei Jahre des Familienalltags mit Zwillingen zu wissen. Mit dem Wissen einiger solcher Familiengeschichten würden sie die konkrete Familie in der eigenen Praxis besser verstehen können. Deshalb sind die beiden ersten Kapitel dieses Buches auch für Erzieher interessant.

Orientieren sich die Erzieherinnen an dem, was sie selbst als Entwicklungsaufgabe des Kindergartens definiert haben, werden sie den Eltern helfen, die Kinder allmählich loszulassen und auf eine langsame Öffnung der Zwillingsgemeinschaft hinarbeiten.

Die Erzieherinnen wollen dabei den Eltern nicht bestimmte, pädagogisch einleuchtende Positionen aufdrängen. Damit würden sie nur Gefahr laufen, daß die Eltern sich verschließen. Wohl aber kann die Erzieherin die Eltern bitten, einmal über eine solche allmähliche Öffnung in der Paarbeziehung nachzudenken, um zu einem späteren Zeitpunkt erneut darüber zu sprechen. Eine dann bereits gewonnene Vertrauensbasis gibt den Eltern – so die Erzieherinnen – eher den Mut, eine Trennung der Zwillinge zu wagen.

Noch unschlüssigen Eltern können sie eine bereits erprobte Übergangslösung anbieten: die Zwillinge gehören zu verschiedenen Gruppen, die Kinder entscheiden innerhalb eines gewissen Zeitraums selbst, wann sie sich in welcher Gruppe gemeinsam oder getrennt aufhalten. In der Regel beginnt ein Zwilling sich abzusetzen. Der andere bedarf dann in seinem Trennungsschmerz des Trostes der Erzieherin.

Kapitel 5

Die Erfahrung anderer hilft
der eigenen Orientierung

Was kann man aus dem, was wir erfahren haben, an Orientierungshilfen herausfiltern?

Medizinische Versorgung

● *Die Klinik*

Zwillingsgeburten sind *Risikogeburten*, die Notwendigkeit einer besonderen medizinischen Versorgung nach der Geburt also auch eher gegeben als bei einzeln Geborenen. Dies sollten Eltern von Zwillingen bei der Wahl der Geburtsklinik berücksichtigen. Da in unserer Situation die Intensivstation ganz in der Nähe war, konnte ich Jonathan bereits früh selbst besuchen.

● *Der Kinderarzt*

Der Kinderarzt ist gerade in Familien mit Problem-Zwillingen zunächst der wichtigste Ansprechpartner. Er wird über den medizinischen Bereich hinaus oft zum Berater in allen Fragen der Alltagsbewältigung. Ärzte werden normalerweise in ihrer Ausbildung nicht darauf vorbereitet. Es wird daher ein Glücksfall sein, wenn man einen Arzt mit einem auf Zwillinge bezogenen Problembewußtsein findet. Wir hatten dieses Glück: Ein Hals-Nasen-Ohren-Arzt in der Deutschen Klinik für Diagnostik hat uns nach der Mandel- und Ohrenoperation von Jonathan und der Mandeloperation von Hannah darauf vorbereitet, daß wir bei Jonathan mit einem Intelligenzschub rechnen könnten. Er sei zum einen nun nicht mehr dauernd gesundheitlich belastet und zum anderen könne er jetzt eine Fülle von Informationen aufnehmen, die ihm zuvor auf Grund der kranken Ohren versperrt blieben. Der Arzt erwartete in dem Zusammenhang eine Irritation für Hannah wegen dieses Fortschritts von Jonathan. Die Absprachen und Funktionsteilungen innerhalb der Zwillingsgemeinschaft würden sich vermutlich ändern. Dieser Arzt zeigte Einfühlungsvermögen in die besondere Situation einer Zwillingsbeziehung.

Eltern künftiger Zwillinge sollten bei der Wahl des Kinderarztes vor der Geburt nach solchem Verständnis für die Zwillingssituation fahnden. Sind die Kinder einmal geboren, ist man auf den Arzt angewiesen. Ein Wechsel fällt dann meist schwer.

● *Krankengymnastik*

Die Krankengymnastik ist – so haben wir erfahren – bei sehr vielen Zwillingen notwendig. Haltungsanomalien auf Grund der extremen Enge im Uterus, vor allem in den letzten Schwangerschaftswochen, sind der Grund dafür. Deshalb kann diese Gymnastik sinnvoll zu den notwendigen Korrekturen beitragen, auch wenn diese Termine meist eine extreme Belastung der Familie, meist der Mutter, bedeuten.

Ich habe in meiner zweijährigen Erfahrung mit der Arbeit von Krankengymnastinnen gelernt, daß es zwei verschiedene Methoden gibt, die bei Kindern angewandt werden: *Bobath* und *Vojta*. Dabei ist Bobath diejenige, die mehr von der Motivation der Kinder ausgeht. Bei Vojta schreien die Kinder viel, sie erleben bestimmte Übungen offenbar als einen Zwang, dessen Sinn sie nicht verstehen. Es gibt zweifellos Krankheitsbilder, die Vojta notwendig machen.

Eltern sollten sich erkundigen, ob Bobath als krankengymnastische Methode in ihrer konkreten Situation möglich ist.

Alle Familien mit jungen Zwillingen haben von der überfürsorglichen Haltung im medizinischen Bereich gegenüber Zwillingen berichtet: Wenn ein Zwilling krank ist, wird der andere besonders kritisch untersucht, meist findet der Arzt auch da einen Grund für Sondermaßnahmen; sind Zwillinge einmal in der Nachsorge, werden immer wieder – so die Sicht der Eltern – Begründungen für eine weitere Behandlung gefunden. Für die Eltern bedeutet dies Druck und Zwiespalt: Sie haben selbst oft das Gefühl, daß ihr Kind gesund ist, aber sie wollen auch nichts versäumen.

Umgang mit Zwillingen

● *Individualisierung*

Ob Zwillinge Freiräume zur eigenen Entfaltung haben, ist nicht nur eine Frage des Wollens. Es ist genauso wichtig, inwieweit Verwandte und Freunde die Eltern in diesem Bestreben unterstützen, inwieweit die Kinder Platz und die Möglichkeit haben, Freunde zu finden und einzuladen. Auch spielt eine Rolle, ob die Eltern der Freunde die Zwillinge als eigenständige Personen behandeln oder sie etwa – wie bei Gabi und Regina – beide zum Geburtstag des eigenen Kindes einladen, nur weil es Zwillinge sind.

Zwillinge haben häufig eine verzögerte Sprachentwicklung. Sie ist Ausdruck eines sehr engen Kontaktes miteinander, dem die sprachlichen Anregungen durch Außenkontakte fehlen.

● *Beiden gerecht zu werden*

Dies steht bei allen Familien mit kleinen Zwillingen im Vordergrund: zwei gleichaltrige Kinder mit ähnlichen Problemen und Entwicklungsverläufen, die ständig um die Zuwendung der Eltern konkurrieren und innerhalb der Paarbeziehung Positionskämpfe austragen. Dabei sind die Auseinandersetzungen zwischen den Zwillingen als Ausdruck von Differenzierungsversuchen zu verstehen und von großer Bedeutung für das Entstehen von zwei Persönlichkeiten.

Jede Familie findet ihren Weg, mit der emotionalen Belastung durch die konkurrierenden Ansprüche umzugehen: etwa durch
– Zuschreibungen von Eigenschaften,
– geschlechtstypischen Rollenzuweisungen etc.
werden die beiden Kinder unterschieden, damit individuelle Beziehungen möglich sind.

Oder: die Eltern versuchen, sie gleichzumachen, um sie gleich behandeln zu können. In jedem Fall ist es ein Kompromiß, der die Kinder mehr oder weniger einengt in ihrer Entwicklung und über den wir Eltern nachdenken müssen. Daß es kein Rezept für die Bewältigung dieses Problems gibt, finde ich beruhigend. Allerdings: Möglichst vielfältige Kontakte der Zwillinge auch zu anderen Verwandten und Bekannten helfen, die emotionale Belastung der Eltern zu mildern.

● *Sind unsere Zwillinge «normal»?*

«Die Besonderheit der frühkindlichen Sozialisation von Zwillingen liegt darin, daß sie in einem Dreiecksverhältnis aufwachsen. Sie müssen sich nicht nur in Beziehung zur Mutter, sondern auch zum Zwillingspartner setzen.» (Schlieben-Troschke 1984, S. 227)

Die schon von Beginn an besonderen Entwicklungsverläufe von Zwillingen erschweren den Vergleich zu gleichaltrigen einzeln geborenen Kindern. Dies verunsichert Eltern, weil ihnen dadurch die Orientierung erschwert wird. Zudem wird die Entwicklung von Zwillingen von Ärzten und Pädagogen besonders genau beobachtet, um frühzeitig eventuellen Fehlentwicklungen entgegenzuwirken.

Wir haben erlebt, wie sich solche Eltern dadurch geholfen haben, daß sie ein Beratungsgespräch gesucht haben. Im Alltag half der Austausch mit anderen Zwillingseltern zur notwendigen Sicherheit zurück. Bücher für Eltern zu diesen Problemen gibt es bisher zu wenig.

Unterstützung, Kontakte und Erfahrungsaustausch

● *Unterstützung*

In den ersten Monaten nach einer Zwillingsgeburt ist eine zuverlässige Hilfe je nach der konkreten Belastungssituation an ein bis drei Tagen für einige Stunden sinnvoll. Diese Zeiten können von den Müttern genutzt werden, um ohne Kinder einkaufen zu gehen, sich mit einem Zwilling zu beschäftigen, zum Beispiel einen Spaziergang zu zweit mit dem Zwilling zu machen, oder aber von Hausarbeit entlastet zu werden. Arztbesuche oder einfach eine kurze Entspannungspause gehören dazu. Ich selbst fand es auch sehr erholsam, einfach nur Besuch zu haben, ohne dadurch in der Hausarbeit unbedingt entlastet zu werden: für kurze Zeit einmal nicht in erster Linie Zwillingsmutter zu sein, sondern etwa als Freundin angesprochen zu werden.

Freunde und Verwandte sollten sich auf jeden Fall, wenn gewünscht, im Haushalt der geplagten Zwillingseltern nützlich machen oder einfach einmal in deren Vertretung den Spaziergang mit den Zwillingen übernehmen. Aber sie sollten auch einfach Zeit zum Plausch mitbringen, damit die Eltern einmal abschalten und dadurch wieder Kräfte sammeln können.

● *Kontakte und Erfahrungsaustausch*

Die Eltern von Zwillingen haben berichtet, daß sie mit ihren Alltagsproblemen oft allein stehen, Bekannte mit ähnlichen Problemen, mit denen sie sich austauschen könnten, kennen sie keine. Der Effekt: ein Leben «unter einer Käseglocke».

Mittlerweile gibt es in vielen Kindergärten und in allen evangelischen und katholischen Mütterschulen sowie in einigen Gemeinden sogenannte *Mutter-Kind-Treffs* oder *Spielkreise*, die bereits sehr kleine Kinder aufnehmen.* Auch hier muß die Zwillingsmutter für zwei Kinder da sein, während die anderen sich auf ihr eines Kind kon-

---

* Am besten ist es, sich schon während der Schwangerschaft in der Schwangerschaftsgymnastik nach solchen Möglichkeiten zu erkundigen.

zentrieren können. Aber sie hat Kontakte und Gesprächspartner und kommt aus der Isolation heraus. In «meinem» Spielkreis habe ich auch eine andere Zwillingsmutter getroffen.

Die Spaziergänge haben da eine sehr wichtige Funktion, auf ihnen findet man häufig Kontakt zu anderen Zwillingseltern. Ich habe schon erlebt, daß wir als vier Zwillingsmütter mit acht Kindern im Park zum Plausch beieinanderstanden.

Kindergarten

Wir haben aus den Familiengeschichten erfahren, daß jede Zwillingsgemeinschaft ihre Beziehung individuell gestaltet. Dies auf Grund der Zwillingskonstellation, der Erziehungsvorstellungen der Eltern und den Einflüssen durch Verwandte, Freunde und Wohnumfeld. Entsprechend kann es keine festgelegte Position geben im Hinblick darauf, ob Zwillinge von Beginn an in eine oder in getrennte Gruppen sollen. Wohl aber sollte das Ziel *eine zunehmende Selbständigkeit jedes Zwillings innerhalb der Paarbeziehung* sein.

● *Eine oder zwei Gruppen?*

Wenn Eltern von Zwillingen die Kinder schon früh zum Spielkreis (Mutter-Kind-Treffen) bringen, können sie dort beobachten, ob die beiden bereits offen für Kontakte zu anderen Kindern sind. Wenn sie schon häufiger vom anderen Zwilling getrennt mit einem Elternteil unterwegs, bei Freunden oder Verwandten sein durften, haben die Kinder bereits positive Erfahrungen, die die Selbständigkeit und Loslösung vom anderen Zwilling im Kindergarten erleichtert. Wichtig scheint mir, daß die Eltern nur das tun, wovon sie wirklich überzeugt sind.

- *Voraussetzungen im Kindergarten*

Im vierten Kapitel berichteten wir von Erzieherinnen, die den Prozeß des Selbständigwerdens der Zwillinge unterstützen und damit auch den Eltern Zeit lassen wollen, sich allmählich von dem Paarbild zu lösen und jedem Kind mehr Eigenständigkeit zuzugestehen. Dies setzt voraus, daß jede Kindergartengruppe mehrere Jahrgänge in sich vereint, also altersgemischt organisiert ist, damit es wenigstens zwei Parallelgruppen gibt. Sonst wäre eine Trennung später oder von Beginn an nicht denkbar. Dies sollte für Zwillingseltern ein Kriterium zur Auswahl des Kindergartens sein.

- *Erzieher und Eltern*

Die Eltern erfahren im Anmeldungsgespräch im Kindergarten, wie ihre besondere Situation von den Erzieherinnen aufgenommen wird. Es gibt Kindergärten, in denen die Erzieherinnen Geschwister und damit auch Zwillinge grundsätzlich trennen oder grundsätzlich zusammenlassen.

In solchen Fällen müssen die Eltern damit rechnen, daß auf ihre konkrete Situation, ihre Vorstellungen und Erfahrungen möglicherweise mit wenig Sensibilität und Einfühlungsvermögen reagiert wird. Dann ist es vielleicht lohnend, an anderer Stelle einen weiteren Versuch zu starten. Fühlt sich die Mutter verstanden und ernst genommen und mit ihren besonderen Fragen gut aufgehoben, wird sie mit der Erzieherin zu Vereinbarungen kommen, die beide Seiten mittragen können.

Kapitel 6

Die Zwillinge und ihr Mythos

Eigentlich sollte ein Bild unserer Zwillinge den Titel dieses Buches schmücken. Aber – so hieß es – wir hätten ja keine typischen Zwillinge. Was kennzeichnet dieses Zwillingsbild? Wir haben Erwachsene gefragt:

«Zwillinge – woran denken Sie bei diesem Begriff?»

Die spontanen Antworten lassen sich zu drei Gruppen zusammenfassen:

Zwillinge sind gleich, weil sie gleich aussehen

«Zwei gleiche Kinder. Ich denke an eineiige Zwillinge, die von der Familie und der Umwelt gleichgemacht werden. Ich denke, sie müssen gleich sein, weil sie gleich aussehen.»

«Eineiig, immer gleich, wenig Individualität, Symbiose.»

«Geschwister, die gleich sind, gleich angezogen sind und gleich aussehen. Vielleicht sind sie im Verhalten unterschiedlich, aber das fällt bei so viel Gleichheit gar nicht auf.»

«Erlebe ich die Kinder als Einheit, gebe ich mir schon keine Mühe mehr, sie auseinanderzuhalten, und spreche nur noch von ‹den Zwillingen›.»

Zwillinge sind nicht allein

«Es ist schön für die Kinder, zusammen groß zu werden. Ich würde sie nicht gleich anziehen.»

«Für die Kinder ist es eine tolle Sache, miteinander groß zu werden.»

«Wie praktisch, zwei, die miteinander spielen können.»

Die armen, aber beneidenswerten Eltern

«Es ist sicher viel Freude, aber auch viel Arbeit. Man hat nie mehr Langeweile.»

«Viel Arbeit und Nervenbelastung, ich wollte sie nicht haben.»

«Anstrengend, eher strapaziöser als mit einem Kind. Man kann sich emotional nicht so einlassen auf zwei Kinder – das bringt Probleme.»

«Mit einer Schwangerschaft zwei Kinder zu haben – das ist schön. Es ist aber auch sicher schwierig, die Anforderungen durch anstrengende Phasen in der Entwicklung (zum Beispiel Zwei- bis Dreijährige mit großer Entdeckerfreude und Bewegungsdrang) bei gleich zwei Kindern zu bewältigen.»

«Ich denke zuerst, daß es schwierig ist für Eltern, immer für zwei Kinder gleichzeitig dazusein. Ich denke an das Problem, den Bedürfnissen der Kinder gerecht zu werden, und an die Konkurrenz der Kinder untereinander.»

Diese spontanen Aussagen von Erwachsenen spiegeln unsere nicht weiter reflektierte Vorstellung von Zwillingen wider. Diese unsere Vorstellung ist Teil des Mythos, der diese besondere Paarung zweier Menschen umgibt. Mythos – es sind die aus alten Zeiten übernommenen kulturellen Vorstellungen zu dieser Paarbeziehung, die hier wirksam sind und Merkmale wie diese besondere Intimität, gleiches Aussehen und gleiche Persönlichkeit enthalten. Mythos aber auch, weil diese Vorstellungen darüber hinaus eben auch eine Aura von Geheimnisvollem um diese «Zweiheit einer Einheit» verbreiteten. Daraus kommen die Zuschreibungen, die Eigenständigkeiten kaum zulassen, die das Paar aufeinander fixieren und der individuellen Persönlichkeitsentwicklung jedes Zwillings zuwiderlaufen. Dabei gilt das Hauptinteresse natürlich den eineiigen Zwillingen und ihrer oft vorzufindenden äußerlichen Gleichheit bis zur Unmöglichkeit, sie zu unterscheiden, sowie der besonders großen Nähe, die sie zueinander empfinden. Dabei sind fast drei Viertel aller Zwillinge zweieiig. Ein Teil dieses Mythos ist die Vermutung einer besonderen Einheit, als läge hier die Verdopplung eines Menschen vor. Daher werden Zwillinge häufig gleich gekleidet.

Daß Zwillinge selbst in diesem Mythos leben, haben Steffi und Susi selbst formuliert, wenn sie sagen, sie wollten als Kinder gleich sein. Auch wenn die Erfahrung zeigt, daß die Realität dem Mythos nicht entspricht, ja der Mythos den Zwillingskindern und ihren Eltern zum Teil große Probleme macht – an der Realität des Zwillingsmythos in den Köpfen der Menschen kommen wir nicht vorbei.

Der Mythos beeinflußt die Entwicklung jeder Zwillingspaarung mit, und er hat ja auch seine positiven Seiten. Zwillinge sind etwas Besonderes, mit besonderer geschwisterlicher Zuneigung einander verbunden – etwas, das sich die meisten von uns irgendwann einmal gewünscht haben. Wenn Eltern es fertiggebracht haben, Zwillinge in die Welt zu setzen, erhalten sie besonderes Lob für besondere Leistung. Dies vor allem dann, wenn die Kinder durch ihre Einheit und Gleichheit den Mythos besonders deutlich verkörpern. Die Eltern erhalten dadurch «Wiedergutmachung» für die Phasen der Überforderung, die Kinder behalten als Paar ihren Sonderstatus, den sie – treten sie allein auf – sofort verlieren.

Die alten Mythen und Märchen

Sie haben schon in allen Zeiten Neugierde und Interesse geweckt. In vielen Völkergruppen und Zeitaltern nahmen und nehmen sie eine Sonderstellung ein: «Für die Naturreligionen galt und gilt heute noch die Geburt von Zwillingen als außernatürliches Ereignis, als drohendes oder glückbringendes Zeichen. Jede Abweichung von den gewohnten Regeln von Zeugung, Schwangerschaft und Geburt wird von primitiven Völkern dem unmittelbaren Wirken von Göttern und Dämonen zugeschrieben. Die Anschauung, daß einer der beiden Zwillinge keinen menschlichen Vater habe, sondern von jenseitigen Kräften gezeugt sei, ist vielen Naturvölkern gemeinsam.» (Karcher 1977, S. 31)

Je nachdem, welchen Geistern mehr Einfluß für die Entstehung der Zwillinge zugeschrieben wurde, wurde über deren Schicksal entschieden. Entweder verehrte man sie als Menschen mit übersinnlichen Kräften, oder man tötete beide mit der Mutter unmittelbar nach der Geburt, den Zweitgeborenen oder das Mädchen in dem Paar.

Das Sternbild der Zwillinge erhielt seinen Namen in der griechischen Frühgeschichte. Sie sind nach den Söhnen des Zeus Kastor und Polydeukes aus der griechischen Mythologie benannt, unter den lateinischen Namen Kastor und Pollux bekannt.

Die berühmtesten Zwillinge der italienischen Geschichte sind Romulus und Remus, die, von einer Wölfin gesäugt, später die Gründer Roms wurden.

In der Bibel sind Isaaks und Rebekkas Zwillinge Jakob und Esau beschrieben, die im Kampf um das Erstgeburtsrecht zerstritten auseinandergingen. Jakob, der Esau dieses Erstgeburtsrecht für ein Linsengericht abgekauft und sich den Segen des Erstgeborenen durch den erblindeten Vater erschlichen hatte, wurde später der Stammvater des Volkes Israel.

Die besondere Lebenssituation der Zwillinge hat auch die Schriftsteller immer wieder angeregt, und so wurde sie in zahlreichen Komödien, Tragödien und Märchen beschrieben.

Shakespeare zum Beispiel, selbst Vater von Zwillingen, hat das Thema in seinem Stück ‹Komödie der Irrungen› und später in ‹Was ihr wollt› aufgegriffen.

Marcel Mihalivice schrieb die komische Oper ‹Die Zwillinge›.

Und durch die Gebrüder Grimm sind die Märchen ‹Die zwei Brüder›, ‹Schneeweißchen und Rosenrot› und ‹Die Goldkinder› überliefert, die alle von der besonderen Treue der Zwillingsgeschwister zueinander sprechen.

Die Verstrickungen, in die getrenntgeschlechtliche Zwillinge geraten können, beschreibt Thomas Mann in seiner Erzählung ‹Wälsungenblut›. Das gleiche Motiv der Liebe in einer solchen Paarbeziehung taucht in Wagners ‹Walküre› aus dem ‹Ring der Nibelungen› auf, in der die Zwillinge Siegmund und Sieglinde als die Eltern Siegfrieds erscheinen.

Das heute vielleicht bekannteste Buch, in dem die Beziehung zwischen Zwillingen eine Rolle spielt, ist Erich Kästners ‹Das doppelte Lottchen›.

Die Normen und Werthaltungen, die die Mythologien vermitteln, deuten auf die Stellung der Zwillinge im Bewußtsein der Umwelt von früher und heute hin.

«In manchen deutschen Gauen schrieb der Volksglaube noch in jüngster Vergangenheit solchen Personen und Gegenständen, die in Beziehung zu Zwillingen stehen, besondere Kräfte zu: In der Lüneburger Heide hatte eine Zwillingsmutter als solche eine besondere Gabe zur Heilung von Sehnenverrenkungen. Frauen, die Zwillinge geboren haben, besitzen eine gewisse Fähigkeit zum Wahrsagen, heißt es in Mecklenburg ... Andererseits kennt auch das deutsche Volk ungünstige Anschauungen über Zwillinge: ‹Patscheter Zwilling› lautet eine bayrische Redensart, die soviel bedeutet wie ‹dummer Mensch›», schreibt H. von Bracken. (v. Schlieben-Troschke 1981, S. 14)

Zwillinge in den Medien heute

Es ist ein einzigartiges Erlebnis, wenn sich zur Jahreshauptversammlung in Charleston, South Carolina, Zwillinge treffen, um Einigkeit zu demonstrieren. So beschreibt es E. Eckhardt im Stern-Magazin (Eckhardt 1983). Zweieiige Zwillinge seien zwar willkommen, blieben aber Randfiguren, «weil sie dem gemeinsamen Vereinszweck, größtmögliche Ähnlichkeit von Geschwisterpaaren zu prämieren, aus biologischen Gründen nicht nahe genug kommen» (Stern 1983, S. 34). Dort stellen sich die eineiigen Zwillinge so dar, als seien sie nicht nur äußerlich gleich, sondern stets ein Herz und eine Seele.

Als ein solches Zwillingspaar haben sich auch die Kessler-Zwillinge einen Namen gemacht. Sie sind beruflich an dieses Klischee gebunden und vor allem deshalb berühmt geworden und geblieben. Obwohl sie privat getrennte Wege gehen und sich auch unterschiedlich darstellen, müssen sie für die Fernsehöffentlichkeit diesen Mythos der Gleichheit aufrechterhalten.

Auch die Berliner Zwillinge Andrea und Simone Klippel konnten ihren Status als eineiige Zwillinge vermarkten. Sie spielten in der Fernsehsendung ‹Verkehrsgericht: Vorsicht: Zwillinge unterwegs› (am 21. Mai 1985) in einer Verwechslungsgeschichte. In Wahrheit scheint ihre persönliche Entwicklung der von Steffi und Susi, dem erwachsenen Zwillingspaar in diesem Buch, sehr ähnlich. Auch sie sind privat längst nicht mehr die zum Verwechseln ähnlichen Zwillinge, die sie aber für Mode- und Werbefotos oder für das Fernsehen darstellen.

In zwei beliebten Fernsehsendungen für Kinder fiel mir ebenfalls das Bild der absolut gleichen Zwillinge wieder auf. Die Gebrüder Erbsenstein in der Sendung ‹Die Katze mit Hut›, gespielt von der Augsburger Puppenkiste, sind nicht nur absolut gleich, sie karikieren dies durch ihr zeitgleiches Sprechen. Es scheint, als wäre einer der beiden zweimal da.

Und in der Zeichentrickfilm-Serie ‹Alice im Wunderland› spielen die gleichen Zwillinge Zwideldi und Zwideldum ein Paar, das gegenüber Dritten meist zusammenhält. Untereinander aber gibt es bei diesen beiden manchen Streit. Rein äußerlich unterscheiden sich diese beliebten Figuren in nichts.

Ist es verwunderlich, daß eineiige Zwillinge oder deren Eltern von diesem Mythos, der auch in den Medien immer wieder reproduziert wird, geprägt sind? Daß sie ihn in ihrer eigenen Situation fördern und leben?

Das Interesse der Vererbungsforscher an den Zwillingen

Ist der Mensch durch seine ererbten Gene in seinen Eigenarten und Fähigkeiten festgelegt und durch familiäre und Umwelteinflüsse kaum mehr zu prägen? Oder sind Persönlichkeitsmerkmale, Intelligenz und Werdegang von sozialen Umweltfaktoren beeinflußbar? Wegen der «genetischen Identität» eineiiger Zwillinge glaubte die Wissenschaft, der Antwort auf diese Fragen durch die Zwillingsforschung näherzukommen. In den letzten hundert Jahren wurde eine Reihe Untersuchungen mit Zwillingen veröffentlicht.

Einiges blieb auch unveröffentlicht, so die unter brutalen Vorzeichen von Mengele in Auschwitz gemachten «Experimente» mit Zwillingen. Mengele wurde hierbei von seinem Mentor, Freiherr von Verschuer, unterstützt, einem heute noch bekannten und nicht selten zitierten deutschen Zwillingsforscher.

Der US-Amerikaner Newman leitete eine der bekanntesten Untersuchungen an getrennt aufgewachsenen eineiigen Zwillingen in Chicago von 1926–1936. Er hatte bei seinen Forschungen gemeinsam aufgewachsene Zwillinge ausgespart. Und er begründete das so: Die Feststellung der unterschiedlichen Einflüsse von Umwelt und Vererbung ließe sich «mit gemeinsam aufgewachsenen Paaren kaum befriedigend verwirklichen ... da sie ja im Entwicklungsalter praktisch derselben Umwelt ausgesetzt waren, einer war zudem stets Teil der Umwelt des anderen gewesen. Unter solchen Umständen Merkmalsunterschiede zwischen eineiigen Zwillingen eindeutig einer bestimmten Ursache zuzuordnen, erschien höchst problematisch.» (Karcher 1977, S. 218) Newman konnte insbesondere Merkmalsgleichheiten bei Aussehen, Mimik, Gestik und Sprache und weitgehende Übereinstimmung der Intelligenz feststellen.

Diese Untersuchung und andere werden relativiert, wenn man weiß, daß Zwillinge «auf Grund ihrer Ähnlichkeiten mit in die Untersuchungen hineingenommen wurden, während andere auf Grund von Unähnlichkeit nicht berücksichtigt wurden». (v. Schlieben-Troschke 1984, S. 225)

Auch durch die Untersuchung von Benjamin S. Bloom (Bloom 1971) werden die Übereinstimmungen der Intelligenz kommentiert: «Wenn eineiige Zwillinge getrennt werden, aber in sehr ähnlichen Umweltbedingungen aufwachsen, dann werden sie auch ähnliche Intelligenzwerte haben. Setzt man sie dagegen in sehr verschiedene Umweltbedingungen, dann werden ihre Intelligenzwerte ziemlich verschieden sein» (Bloom 1971, S. 81).

In den letzten Jahren wurde bekannt, daß eine in England von Cecil

Burt durchgeführte Untersuchung an getrennt aufgewachsenen Zwillingspaaren zum Teil auf erfundenem Datenmaterial basierte. So ist es kein Wunder, daß Burt in seiner Untersuchung zu noch höheren Übereinstimmungen der Intelligenzwerte kam, als die Ergebnisse anderer Untersuchungen es vorbrachten.

In einer neueren, 1985 noch nicht abgeschlossenen Untersuchung von Bouchard und Lykken in Minneapolis werden neben eineiigen auch zweieiige getrennt lebende Zwillinge untersucht. Auch diese beiden Forscher stellten verblüffende Ähnlichkeiten bei den genetisch gleichen Zwillingen fest. Gewohnheiten und Verhaltensweisen stimmten vielfach überein. Bezogen auf die hohen Übereinstimmungen der Intelligenzwerte dieser Zwillinge bemerkten sie selbst einschränkend, daß die Umwelteinflüsse auch nach der Trennung der Zwillinge selbst bei Adoptiveltern auffallend ähnlich waren.

Im Hinblick auf unser Thema, den Zwillingsmythos, ist es mir wichtiger, vor allem folgenden Aspekt zu sehen: In der Untersuchung von Bouchard und Lykken wurden alle Zwillingspaare nach persönlichen Eigenarten befragt. Die eineiigen Zwillinge nannten gleichartige Eigentümlichkeiten. Diese reichten von der Bevorzugung der gleichen Zigarettenmarke, der Vorliebe für bestimmte Hunderassen bis zur gleichen Namensnennung der eigenen Kinder. Die zweieiigen Zwillinge nannten das, was sie voneinander unterscheidet. Entsprachen diese Antworten nicht deutlich den Erwartungen der Forscher?

In den Geschichten der erwachsenen Zwillinge in diesem Buch wurde deutlich, wie Susi und Steffi als eineiige Zwillinge gleich sein wollten und Gabi und Regina ihre Unterschiedlichkeiten herauszustellen suchten. Sollten die von Bouchard und Lykken befragten Zwillingspaare in diesem Punkt so ganz anders sein?

Es wurde nicht veröffentlicht, was die eineiigen Zwillinge dennoch unterscheidet bzw. welche ähnlichen Gewohnheiten zweieiige Zwillinge dennoch entwickeln. Zudem stand ein Teil der befragten Paare vor der Untersuchung schon seit längerer Zeit wieder in Kontakt miteinander, so daß sie längst nicht mehr völlig unbeeinflußt voneinander waren. Ist es möglich, daß sich die Forscher unter dem Eindruck des Mythos von den Parallelen stärker haben beeindrucken lassen als von den Unterschieden?

Eine Vermischung von realen Gleichheiten und Ähnlichkeiten gepaart mit dem Zwillinge umgebenden Mythos lassen diese entweder darin versinken, oder sie versuchen, unterstützt durch die Umwelt, sich allmählich daraus zu individuellen Persönlichkeiten innerhalb der Paarbeziehung zu emanzipieren.

Literatur

ARA-Mehrlingsstudie. Im Auftrag der Allgemeinen Rentenanstalt, durchgeführt von Prof. Dr. A. Lorenzer, Johann-Wolfgang-Goethe-Universität, Frankfurt/M. 1982/83

Belk-Schmehle, Andrea: Zwillinge in der Schule. In: betrifft: erziehung 1/1984, S. 52–56

Biermann, Gerd: Kinder und Jugendliche. Frankfurt 1985

Bloom, Benjamin S.: Stabilität und Veränderung menschlicher Merkmale. Weinheim 1971

Dolto, Françoise: Die ersten fünf Jahre. Weinheim 1982

Eckhard, Emanuel: Gleich und gleich gesellt sich gern – Zwillings-Forschung, Doppelspiel der Gene. In: Stern-Magazin Heft Nr. 39, Hamburg 1983

Heinemann-Rufer, Ulrich: Wie die hübschen Zwillinge zu ihrer ersten Fernseh-Rolle kamen. In: Fernsehwoche Nr. 20, Hamburg 1985

Karcher, Helmut L.: Wie ein Ei dem anderen. München 1977

Lewontin, R. C.; Rose, Steven; Kamin, Leon J.: Zu Paaren treiben. Lehren aus der Zwillingsforschung. In: Kursbuch 80 («Begabung und Erziehung»), Berlin 1985

Lykken, D.; Bouchard, Th.: Genetische Aspekte menschlicher Individualität. In: Mannheimer Forum 83/84, Mannheim 1984

Pröttel, Birte: Ein Zwilling kommt selten allein. Percha 1974

Schlieben-Troschke, Karin von: Psychologie der Zwillingspersönlichkeit. Köln 1981

Schlieben-Troschke, Karin von: Zwillinge, Glücks- oder Sorgenkinder? In: Jahrbuch der Kindheit. Weinheim 1984, S. 226–233

Spitz, René: Angeboren oder erworben? Die Zwillinge Rosy und Cathy. (Schwarze Reihe Nr. 14), Amsterdam 1971

Zimmer, Dieter E.: Doppelmensch: Ein Experiment der Natur. In: Zeitmagazin Nr. 3, Hamburg 1982

Anhang 1

Über die Befragung der Zwillingsfamilien

Die Familien wurden nicht nach besonderen Kriterien ausgesucht; ich hatte sie entweder bei den häufigen Spaziergängen im Park, im Spielkreis oder Kindergarten oder durch Bekannte kennengelernt.

Ziel der Gespräche waren beispielhafte Darstellungen subjektiv bedeutsamer Fragen und Probleme im Zusammenleben mit Zwillingen. Diese Informationen und Erfahrungen können für betroffene Eltern hilfreich sein. Sie lassen jedoch keine verallgemeinernden Aussagen zu.

Die Qualität der Gespräche – ich war manchmal über so viel Offenheit überrascht – ergab sich einmal daraus, daß meist schon ein längerer Kontakt bestand. Es gab also schon vorher losen Austausch über zu bewältigende oder bereits bewältigte Probleme. Ich spürte eine hohe Bereitschaft, sich noch einmal konzentriert über die Erlebnisse und Erfahrungen mit den eigenen Zwillingen zu befassen, manchmal auch mit dem Ziel, betroffene Leser damit unterstützen zu wollen. Ausschlaggebend für die Eltern war immer auch, daß wir selbst Zwillingseltern sind – ein Gefühl von Solidarität erfüllte die Gesprächsatmosphäre. Dabei schien es nicht zu stören, daß ein Tonband mitlief.

Außer einer Familie sagten alle, die ich fragte, das Gespräch zu. Nur in einem Fall konnte der Ehemann nicht einbezogen werden.

Das Gespräch war als ein offenes Interview konzipiert, in dem von mir vorbereitete Schwerpunkte mit zahlreichen Aspekten angesprochen werden sollten. Dabei wurde der Gesprächsverlauf mit seinen besonderen Akzenten und Ausführlichkeiten von den jeweils besuchten Eltern bestimmt. Ich besuchte jede Familie jeweils einen Abend. Wir sprachen zwei bis drei Stunden miteinander. Fast jedes Gespräch hatte auch den Effekt, daß die Eltern für sich zusätzliche Ideen oder Überlegungen zur Bewältigung ihrer Alltagsprobleme mit den Zwillingen fanden. Eine Mutter fühlte sich durch das Gespräch in ihrem bereits begonnenen Weg bestärkt, die Unterschiedlichkeit ihrer Zwillinge auch nach außen deutlich zu machen und die Kinder damit in ihrem Individualisierungsprozeß zu unterstützen. Ihre Zwillinge werden im Kindergarten jetzt in zwei verschiedenen Gruppen betreut.

Über die Befragung der Zwillinge

Wie bei den Gesprächen mit den Eltern von Zwillingen habe ich auch hier an Hand mir wichtiger Aspekte das Interview offen strukturiert, das heißt die Zwillinge haben selbst ihre Schwerpunkte gesetzt, andere Aspekte nur gestreift. Auch hier fand jedes Zwillingspaar im Gesprächsverlauf sein Thema.

Die beiden erwachsenen Frauen-Zwillingspaare – ich habe sie bei dem Gespräch zum erstenmal gesehen – konnten an dem zwei- bis dreistündigen Gespräch gemeinsam teilnehmen. Dabei erinnerten sie sich gegenseitig an bestimmte Gegebenheiten, griffen wechselseitig Beiträge auf und diskutierten unterschiedliche Erinnerungen und Sichtweisen miteinander.

Bei dem Zwillingspaar Helmut und Gertrud – es sind die Geschwister meines Mannes – konnte ich das Gespräch nur mit Helmut führen, während Gertrud in Basel an Hand meines für die Gespräche vorbereiteten Gesprächsleitfadens eine Kassette besprach, den in den anderen Gesprächssituationen die Befragten nicht in die Hand bekamen. Möglicherweise ist dies mit ein Grund dafür, daß dieses Zwillingspaar seine Kindheit sehr unterschiedlich beschrieb. In einem gemeinsamen Gespräch wären vermutlich auch mehr Gemeinsamkeiten aufgetaucht. Gertrud und Helmut hatten sich über ihre eigenen Erinnerungen an die Kindheit mit dem Zwilling noch nie unterhalten. Die Gespräche für dieses Buch gaben den Anlaß, dies nachzuholen.

Alle Interviews mit erwachsenen Zwillingen erfolgten im Mai/Juni 1985 im Anschluß an die Gespräche mit Eltern von Zwillingen.

Ein besonderer Glücksfall war für mich der Brief des Ehemanns eines Zwillings, den ich ohne jegliche Veränderung übernehmen konnte.

Mit
Kindern
leben

rororo

C 2181/3